湖北大学新闻传播学院2021年项目库学科建设项目 &
教育部人文社科青年基金项目“公共传播视阈下的城市社区协同治理效果研究”资助

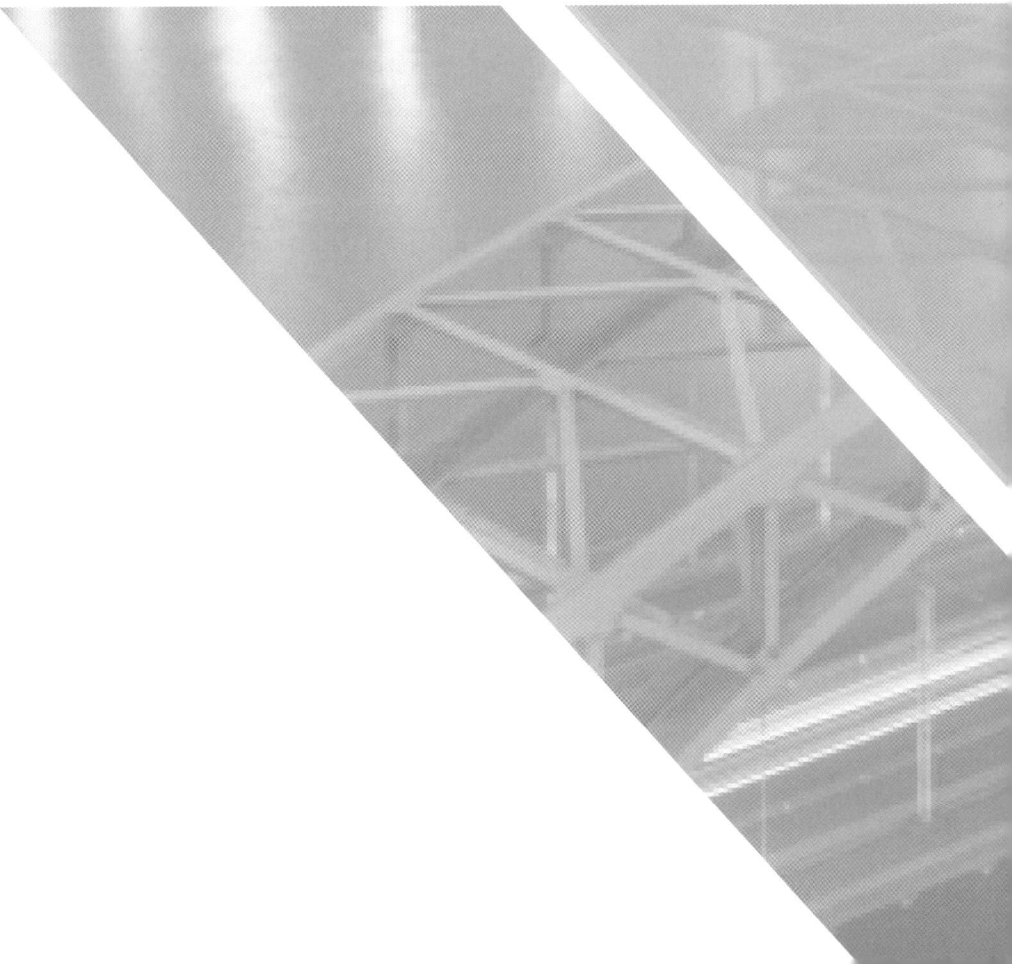

INTRODUCTION TO PUBLIC COMMUNICATION OF CORPORATE SOCIAL RESPONSIBILITY

企业社会责任的
公共传播

谷羽 著

中国社会科学出版社

图书在版编目(CIP)数据

企业社会责任的公共传播/谷羽著. —北京：中国社会科学出版社，2023. 1

ISBN 978 - 7 - 5227 - 0772 - 3

Ⅰ. ①企… Ⅱ. ①谷… Ⅲ. ①企业责任—社会责任—研究—中国
Ⅳ. ①F279. 2

中国版本图书馆 CIP 数据核字(2022)第 142981 号

出 版 人 赵剑英
责任编辑 张 玥
责任校对 季 静
责任印制 戴 宽

出 版 中国社会科学出版社
社 址 北京鼓楼西大街甲 158 号
邮 编 100720
网 址 http://www.csspw.cn
发 行 部 010 - 84083685
门 市 部 010 - 84029450
经 销 新华书店及其他书店

印 刷 北京明恒达印务有限公司
装 订 廊坊市广阳区广增装订厂
版 次 2023 年 1 月第 1 版
印 次 2023 年 1 月第 1 次印刷

开 本 710 × 1000 1/16
印 张 12. 25
插 页 2
字 数 155 千字
定 价 66. 00 元

凡购买中国社会科学出版社图书，如有质量问题请与本社营销中心联系调换
电话：010 - 84083683

序

犹记得谷羽联系报考我的博士生是在2009年，她博士学位论文答辩则是在2013年春季。在2022年武汉樱花绽放的日子，已经是湖北大学副教授的谷羽找到我，说她的教育部课题“公共传播视域下的城市社区协同治理效果研究”的成果就要成书出版了，希望我为之作序。助跑后辈，当然是导师的责任，我义不容辞。

谷羽即将出版的著作名为《企业社会责任的公共传播》，该书的关键词是“数字公益、跨文化社区与企业治理”，顺着其逻辑阅读下去，该著作三个显著的特色逐一展现，即：

其一，企业社会责任公共传播研究的开拓性。

在读博期间，谷羽就发表了学术论文《企业公益传播：公益营销的超越》，文章提出：公益营销因营销规定的逐利性并不能达到公益的效果，甚至对品牌产生负面影响。因此，从公益性回归的角度提出品牌公益传播，如此有助于通过公共社会的真正受益而提高品牌在公众心目中的形象。谷羽的博士论文《微博客平台的企业公益传播》，则沿其思路，结合新浪微博平台展开企业公益传播的实证研究，不仅进一步梳理了企业公益传播的概念、内涵及标准，而且对企业运用数字传播平台来提升承担社会责任、实现自身品牌战略目标进行了系统阐述；记得当时的论文评委就高度肯定了其研究的开创性。随后，教育部课题获批，谷羽的研究继续推进，这次呈现在读者面前的著作，则对企业公益传播拓展了媒介技术与文化制度的维度，充实了国内外最新的研究成果与个案动态，并站在当代公共传播战略高度予以更深入的探讨论述，从而更凝练地凸显了企业社会责任担当基础上的公共传播。众所周知，企业从生存出发、从成本考量，关注的总是商业传播，即使涉及公益传播，也多是点缀性、附加性的。但这部《企业社会责任的公共传播》却鲜明提出并强调：企业社会责任其实可以融合商业传播与公益传播，可以将企业治理与跨文化社区治理相结合，可以通过传播协商实现跨文化语境下的企业与社会责任互动。显然，在数字化、全球化背景下，该书系统地探索论述企业社会责任的公共传播，无疑具有鲜明的开拓性与启迪性。

其二，理论视角与关注视野的国际性

在博士生面试时，记得谷羽扎实的外语基础以及每天收听英文广播的习惯，打动了在场的博士导师们；而在读博期间，她又通过撰写国际学术会议的英语论文获得了国家留学基金委的资助，得以赴丹麦进行访学。在丹麦哥本哈根大学 Kjetil Sandvik 导师的指导下，谷羽从理论到视野均提升到国际层面。这也自然地体现在本著作之中，如“全球性的企业社会责任联盟”“全球倡议组织”“区域性的企业社会责任标准”“欧洲企业社会责任组织”“企业社会责任欧洲企业路线图”等国际背景信息；如国际上新的热门术语“社会责任的国际认证标准 ISO 26000”“战略性企业社会责任（strategic CSR）”；如“企业本身就是公共制度的一部分”“企业社会责任需要关注以公众感知为核心的质化研究”

的国际学术新进展；如以丹麦、法国、巴西、南非等国家为代表的“企业社会责任报告的活动”、高福利制度国家丹麦如何“将企业社会责任传播纳入公共政策体系”、丹麦大型企业由内而外的“企业内部传播——面向专家传播——面向大众传播的企业社会责任传播三步骤”、强化企业社会责任传播信息一致性的丹麦诺和诺德制药有限公司的个案。如此，无疑夯实了企业社会责任公共传播的理论与实践基石，让该书更具有了面向未来的前瞻性。

其三，理论对于案例涵化性诠释彰显出学术性

该书重点研究的实践对象主要为四家著名企业运用数字媒体组合工具开展的社会责任传播，包括：中国实践场域中的戴尔、中粮集团和中国平安保险（集团），以及西方实践场域中的丹麦企业诺和诺德制药公司。研究以社会效果为导向，以如上企业案例的文本为样本，从而展开企业社会责任的公共传播内容分析。但该书并没有陷入案例研究常规的理论色彩缺失的窠臼中，却是以企业社会责任、企业治理、跨文化社区治理、公共传播、数字公益等相关理论为浓郁底色，对于案例文本进行渲染涵化、专业诠释，并逻辑性地推导提炼出诸如——全球化背景下企业社会责任的公共传播、中国语境下企业社会责任的公共传播、驯化媒介；基于数字公益的公共传播、协商意义；跨文化语境下的企业社会责任互动、社会责任投资；打造他治与自治互动的社会企业等学术性表述，如此该书的学术性思想得以建构，且进行了学术感分明的语言表达。

这部《企业社会责任的公共传播》出版之际，正逢我国媒介由数字化往智能化发展，产业由高速增长向高质量发展，企业更讲求以社会责任来建构品牌形象、人民对于美好生活的向往转化为品牌选择行为之时代动向。这使得我自然寄希望谷羽副教授的

这部著作能在这个新时代、新需求、新使命、新机遇叠加的时刻，为信息时代企业的品牌传播、为新时代传播学理论研究贡献一朵亮丽的学术浪花，从而体现出其独特的理论与实践价值。

是为序。

华中科技大学品牌传播研究中心主任、教授、博士生导师

舒咏平

2022 春于喻家山下

前　言

本书的起因来自“私人利益与公共利益”之间迷人的冲突。自 20 世纪 50 年代西方学界提出企业社会责任（Corporate Social Responsibility）以来，这个概念一直在争议中发展。企业所拥有的经济实力及其权力既可以为人类社会带来福祉，也可能产生可怕的危害。因此，尽管企业是自由主义最狂热的鼓舞者，企业所处的社会关系网络却要求道德和法律限制其自由。在这样的张力下，企业社会责任只有建立在互信和规范化的框架内，才能实现企业和社会的相互促进发展。在 21 世纪，无论从政治、经济还是社会的维度来看，企业都成为影响人类生存发展的重要机构。企业社会责任的意义前所未有地凸显出来。

在全球经济中，任何商业体都不可能是一个孤岛。依据全球经济一体化的经验，更具包容性、竞争力、可持续、资源友好以及环境友好的企业治理模式才是重新实现增长的方式。其中，包容性和可持续性是企业治理的关键目标，这要求企业从公共传播的视角综合考虑经济、社会和环境要素，尤其是三个要素的相互联系和叠加影响。当前，企业迫切需要制定可持续的治理框架，解决企业与各个重要社会部门的公共关系，包括依赖关系以及多者之间的关系权衡问题。这些调整带来的挑战要求将企业社会责任（CSR）与商业战略保持一致，以创造真正可持续的方法。正是基于这些前沿变化，本书期望通过讨论可持续性、公共伦理和治理等企业社会责任的关键问题，全面理解商业和社会之间的公共关系以及在这个领域发生的最新变化。同时，也为企业在数字媒体环境下利用技术、文化资源完善社会互动提供实用的企业社会责任传播方案。

第一章首先介绍了新的历史背景下，企业社会责任的范畴发生了怎样的变化。接下来的两章介绍了对企业社会责任传播影响最大的两个维度，信息化与全球化。第二章强调社交网络技术给企业社会责任传播带来的挑战，并从企业治理的角度探讨了企业运用新媒体技术进行全方位公共传播的层次和技巧。第三章反映了企业社会责任传播公共化的全球趋势，并介绍了在这一领域处于领先地位的国家——丹麦的成功经验。第四章结合中国的互联网语境，分析三类企业开展社会责任传播的公共化特色。最后结论部分总结了当下企业社会责任传播需要处理好的主要公共矛盾，为企业的具体操作提出建议。

总之，本书从“公共传播”的新视角，将企业看作关系网络的中心点，探讨了当今企业社会责任传播面对的若干最重要的关系及相应的关系管理和传播战略。这些重要的关系包括：企业与社区、企业与公众、企业与国家，企业与国际社会等。

本书成于“一带一路”倡议稳步推进之时，书中关注的企业社会责任传播的前沿动态对我国企业提高管理水平，展开跨国经营具有重要启示意义。本书的大部分内容来自作者长期对企业社会责任领域的关注，以及在丹麦哥本哈根大学留学期间获得的一手资料。

目　录

图表目录

表格:

图片:

第一章　企业社会责任理论的历史

随着企业的社会贡献与企业运营状况越来越紧密地捆绑在一起，人类学家项飙质疑：我们正在从“市场社会”向“社会市场”转型，即把生产社会关系当作盈利的来源。① 声誉的市场估值一路走高挑战了“好酒不怕巷子深”的传统经营哲学，而鼓励企业更多地投资社会性服务。这一转变除了预示企业社会责任具有更广阔的前景，也促使我们在新的社会情境下思考企业社会责任的未来。尽管今天市场与社会深度融合，企业社会责任却恰恰发轫于两者的分歧之中。从而，冲突构成企业社会责任的底色，而企业社会责任自身则体现了一种折中的艺术，或者说中庸哲学。与今天的企业家倾向于把企业社会责任当作经营哲学相比，工业革命时期的资本家仅仅把它当作剥削劣迹的遮羞布而已。从工具到理论再到哲学，企业社会责任的演变展示了何种规律？又将推演出怎样的未来？我们试图在这一章全面理解企业社会责任的多维价值范畴及价值博弈的趋势，从而为进一步理解其公共转

① 参见项飙《“腾讯科技向善创新周”上的演讲》，腾讯研究院微信公众号，2022年1月11日。

向奠定基础。

第一节 摇摆的责任:企业社会责任概念的提出及其张力

中世纪以前，西方企业的社会行为主要通过法律进行规范。在古罗马法律中，关于设立老人之家、医院和孤儿院等社会组织的规定中有迹可循，其后又得到英国法律的支持。[①] 随着英帝国的扩张，英国王室将其公司法输出到美国殖民地，从而产生了一定程度的社会效果（Chaffee，2017）。维多利亚时代的宗教理念亦赋予彼时企业慈善家深厚的人文主义理想。典型的例子是1844年在伦敦创建的青年基督教协会（YMCA）力主将基督教价值观应用于商业，其影响亦扩散到美国（Heald，1970）。

尽管如此，没有把资本比作“企业社会责任的催化剂”更恰当的比喻了。如果不是资本在19世纪无忧无虑的扩张，又怎么会爆发一系列劳工骚乱，从而引起人们对赤贫问题和剥削女工、童工的问题的关注？一些具有改革意识的产业资本家开始通过改善工人福利来保障持续的生产力。巨头们则热衷于通过慈善事业挽回声誉，比如：钢铁大王卡耐基以及石油大王洛克菲勒，他们捐赠的对象以教育、科学事业为主。

到20世纪初期，企业经营者承担起了平衡利润最大化与维持客户、劳动力、协调社区需求之间的责任（Carroll，2015）。这引发了管理者如何区分“分内的”企业责任和“分外的”社会责任

① 延续这一传统，企业社会责任至今是欧洲法学院的常规课程和研究课题之一。

的讨论，“二战”前后一度达到白热化。[①] 直到 1953 年，经济学家霍华德·鲍文（Howard Bowen）在《商人的社会责任》一书中正式提出“企业社会责任”一词，并从理论层面对其进行概念化，因此他被称为企业社会责任之父。他在这本开创历史的著作中提到：“商人的决定和行动会影响他们的利益相关者、员工和客户，从而直接影响整个社会的生活质量。……商人有义务遵循那些符合我们社会目标和价值观的行动路线，执行相关的政策、决策。”[②]

20 世纪 60 年代，企业社会责任不可避免地与一系列平权抗议、反战运动结合起来。在激进的行动主义氛围下，学者开始不断拓展企业社会责任的范畴，这也引起了质疑。著名经济学家、诺贝尔经济学奖获得者米尔顿·弗里德曼（Milton Friedman）认为：企业社会责任活动是企业资源的不当支出（Friedman，1962）。而企业社会责任的实践还停留在以慈善捐赠为主的水平。

企业社会责任的真正腾飞始于 20 世纪 70 年代的美国。1971 年，美国经济发展委员会提出了企业与社会之间的“社会契约”概念（social contract）。即：企业的运作和存在基于公众的许可，因此有义务为社会需求做出贡献。[③] 1972 年，罗马俱乐部[④]发表了由麻省理工学院主持的研究报告《增长的极限》（*The Limits to Growth*），关注人口增长、资源枯竭和污染的影响，并质疑持续增

---

① Barnard, C. I., *The Functions of the Executive*, Cambridge: Harvard University Press, 1938. Clark, J. M., *Social Control of Business* (*2nd ed.*), USA: Augustus M Kelley Pubs, 1939.

② Bowen, H. R., *Social Responsibilities of The Businessman*, Iowa: University of Iowa Press, 2013, p. 6.

③ Social Responsibilities of Business Corporations, *USA*: *Committee for Economic Development*, 1971.

④ The Club of Rome 成员包括来自 25 个不同国家的科学家、经济学家和商界领袖。

长的可行性，由此认为有必要进行负责任的商业实践，建立新的商业监管制度。① 一批以履行社会责任著称的企业出现了，如：美体小铺（Body Shop）。伴随对该术语的滥用，企业社会责任作为商界的流行语流传开来。承前启后的集大成者卡罗尔（Carroll，1979）适时提出了第一个得到广泛认同的定义："企业的社会责任是指在特定时间内社会对于企业在经济、法律、道德和自由裁量方面的期望。"该定义又被称为"企业社会责任的三维模型"，既清晰地呈现了前人的理论贡献，又整合了经济责任与社会责任的矛盾。

20 世纪 80 年代西方政府普遍采取宽松政策刺激经济发展，关于企业社会责任的讨论从概念化转向操作化。除了将企业社会责任看作一个决策过程（Jones，1980），还诞生了从运营角度评估企业社会责任的标准（Tuzzolino & Armandi，1981），旨在证明企业社会责任影响盈利的声誉指数（reputation index），以及利益相关者（stakeholder）、社会响应（social responsiveness）等衍生概念体系。国际社会促成可持续发展的努力更是为企业社会责任赢得了全球目光，例如：联合国通过了《蒙特利尔议定书》，成立了政府间气候变化专门委员会。越来越多的企业开始将社会利益与其运营结合起来，更加积极地回应利益相关者的诉求。

20 世纪 90 年代，企业社会责任的国际影响力持续扩大，这当然得益于全球化的商业布局。跨国公司要适应多样化的海外新市场，在本土竞争中取胜，同时回应国家的商业期许，就必须维

① The Club of Rome，"History"（2018），https：//www. clubofrome. org/about-us/history/.

持好名声。1991 年，匹兹堡大学教授唐娜·伍德（Donna J. Wood）发表了《企业社会绩效再讨论》[1]，提出评估企业社会责任效果的理论框架，改进了早期的企业社会责任模型。同年，卡罗尔发表了企业社会责任概念的 2.0 版本，将原有的三维企业社会责任描画为一个四部分叠加的金字塔。[2] 并提出“企业公民”（corporate citizen）这个概念来指称解决公共问题的企业。此后，企业公民逐渐被当作企业社会责任的同义词使用。例如，克林顿任总统期间设立“Ron Brown 企业公民奖”表彰优秀企业。1999 年，时任联合国秘书长科菲·安南在达沃斯世界经济论坛上发起推广“普世商业价值”的倡议：“商界领袖和联合国发起了共享价值观和原则的全球契约，这将为全球市场带来人性化的面貌”，预告了联合国全球契约组织（United Nations Global Compact）的成立。这意味着公共部门开始重视企业的社会治理能力并寻求超越公有、私有界限的合作。

21 世纪，在联合国产业发展组织（United Nations Industrial Development Organizations）、欧洲共同体委员会（Commission of the European Communities）等跨国公共组织的推动下，企业社会责任逐渐成为全球企业的愿景。此时出现了全球性的企业社会责任联盟，如：全球倡议组织（Global Reporting Initiative）；区域性的企业社会责任标准，如欧洲企业路线图（European Roadmap for Businesses）。值得一提的是，在欧洲企业社会责任组织（CSR Europe）不断规划新目标的推动下，欧洲各国的企业社会责任水平

① Wood, D. J., “Corporate Social Performance Revisited”, *The Academy of Management Review*, 1991, 16 (4): 691－718.

② Carroll, A. B., “The Pyramid of Corporate Social Responsibility: Toward the Moral Management of Organizational Stakeholders”, *Business Horizons*, 1991, 34 (4): 39－48.

维持逐年进步的态势。专门针对社会责任的国际认证标准 ISO 26000 使得企业社会责任具备了全球认可的指标体系和行动指南。与此同时，企业社会责任的学术研究开始转向战略视角[①]，试图进一步说明企业社会责任投资如何创造价值。战略性企业社会责任（strategic CSR）成为新的热门术语，从而诞生了利益相关者管理，[②] 企业可持续发展[③]，共享价值[④]等一系列子课题。越来越多的学者倡导一种“整合式”的企业社会责任概念/实践框架，认为当代企业社会责任应该嵌入到日常运营活动之中。[⑤] 在“全球可持续发展”的旗号下，跨国公司在不同国家采用差异化的企业社会责任战略，促使社会责任成为企业财务审计的一部分。至此，企业社会责任成为全球化的助推力，也是一种全球化的表征。

一路回顾企业社会责任的发展和演变，我们可以看到：除了企业家精神觉醒之外，公共部门的支持以及学术研究的引领是其一路壮大的主要原因。同时，企业社会责任发展过程中伴随对其概念的误读，验证其效果的争议，展现出企业社会责任的知识生产背后更为复杂的政治经济场景。因此，在梳理历史的基础上，有必要将企业社会责任的矛盾一一呈现，才能从应对挑战的视角

---

① 以哈佛商学院迈克尔·波顿等人的系列论著最具代表性。Porter, M. E. & Kramer, M. R., “Strategy & Society”, *Harvard Business Review*, December, 2006, pp. 1 – 16. Porter, M. E. & Kramer, M. R., *Creating Shared Value*, Springer Fachmedien Wiesbaden, 2019。

② Freeman, R. E., “A Stakeholder Theory of The Modern Corporation”, *Perspectives in Business Ethics*, Sie, 3, 2001, p. 144. Friedman, A. L. & Miles, S., “Developing Stakeholder Theory”, *Journal of Management Studies*, 2002, 39 (1): 1 – 21.

③ Marrewijk, M. V., “Concepts and Definitions of CSR and Corporate Sustainability: Between Agency and Communion”, *Journal of Business Ethics*, 2003, 44 (2/3): 95 – 105.

④ Heslin, P. A. & Ochoa, J. D., “Understanding and Developing Strategic Corporate Social Responsibility”, *Organizational Dynamics*, 2008, 37 (2): 125 – 144.

⑤ Chandler, D., *Strategic Corporate Social Responsibility: Sustainable Value Creation*, USA: SAGE Publications, 2016. Carroll, A. B., “Corporate Social Responsibility: The Centerpiece of Competing and Complementary Frameworks”, *Organizational Dynamics*, 2015, 44 (2): 87 – 96.

更好地探讨企业社会责任的未来，切入本书将要重点探讨的主题：公共传播对企业社会责任以及整个商业环境的嵌入式影响。

一　经济责任和社会责任：谁更重要?

在西方文献中，几乎所有企业社会责任的定义都一致认为经济责任是最重要的责任，甚至是企业唯一的社会责任。如：弗里德曼（Friedman，1970）认为管理者的行动只需受到法律即经济制度的指导。股东价值是唯一需要最大化的价值。如果企业管理者要为改良社会做贡献，那他们应该以个人名义、用自己的钱去做，而不是以股东代理人的身份花股东的钱。这一观点或许是清晰界定了企业的财产权，但是忽视了外部环境对企业财产的影响。

继 Friedman 之后，企业社会责任最重要的研究学者之一卡洛尔（Carroll 1979）再次奠定了经济责任在企业社会责任内涵中的核心地位。其后，卡洛尔（Carroll 1991）进一步将经济责任简单地具化为“盈利”，提出经济责任的标准是使每股收益最大化。他将企业社会责任由下至上分为四个等级（见图 1）：经济责任、法律责任、道德责任和慈善责任，形成一个金字塔结构。最底层的经济责任是最基本的责任，指企业出售社会需要的产品和服务获得利润的责任，所占比重最大。①

“盈利优先”观念的影响一直持续到 21 世纪早期，多数学者从如何实现盈利最大化的角度来思考企业社会责任。例如：企业社会责任就是（1）按照股民的利益来盈利（Galbreath，2006）；（2）企

① Carroll, A. B., “The Pyramid of Corporate Social Responsibility: Toward the Moral Management of Organizational Stakeholders”, *Business Horizons*, July-August, 1991, pp. 39 – 48.

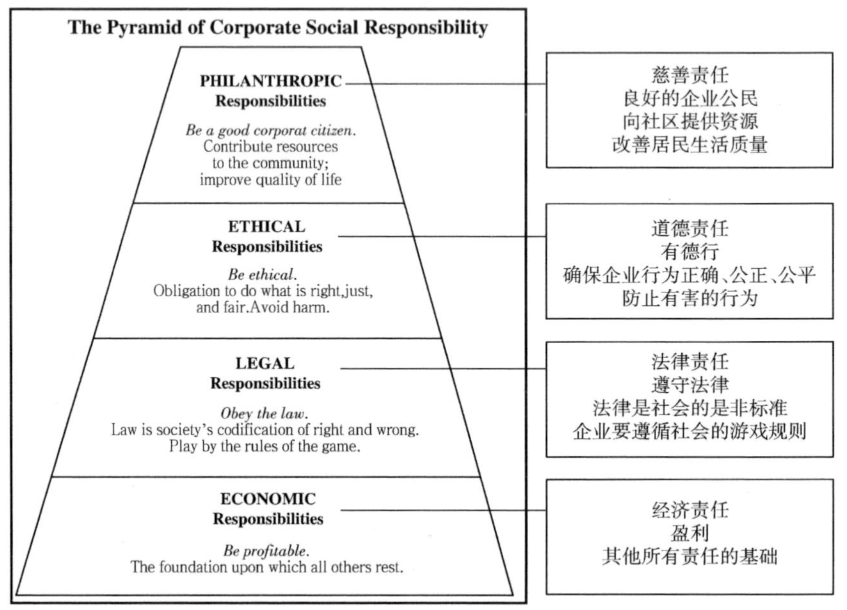

图1 Carroll 的企业社会责任金字塔图（Carroll，1991），笔者译

业的经济效果（Maignan，2001）；（3）改善盈利能力（Wartick & Cochran，1985）；（4）创造市场财富（Windsor，2006）。

与此同时，弗里曼（Freeman，1984）的“利益相关者”理论提出了对社会责任的不同理解。在这个概念框架下，有可能影响商业目标的任何人，以及任何可能被实现商业目标所影响的人都是利益相关者。企业社会责任的范畴被无止境地扩大了。而在彼时，以企业社会责任引领企业的运营系统还是一个相当激进的想法，更别说在操作层面推进了。因此，“利益相关者”早期的理论价值仅限于树立了一个理想主义的标杆。

在卡洛尔定义的企业社会责任金字塔结构被广泛使用的期间，也有学者和国际组织对这种“经济责任为主导”观点提出了质疑。恩德勒（Enderle）和塔维斯（Tavis）是少数认为企业的经济责任与社会服务责任同样重要的研究者，他们将企业经济责任定义为如下内容：

> （企业社会责任）即盈利或盈利最大化，改善生产力，保持和增加投资者或所有者的财富，尊重供应商，公平竞争，保持或创造工作机会，支付合理薪资，为雇员提供社会福利，教育和提升员工素质，服务顾客（Enderle & Tavis，1998）。

他们认为，企业的经济责任实际超越了股民投资收益最大化，扮演了企业财富再分配的角色：把财富分配给企业所有者、雇员、供应商、顾客和社会。这意味着，企业本身就是公共制度的一部分，而不是独立的私人部门。因为企业作为国家制度的助手，参与并调节了社会财富的再分配。

至此，围绕着“企业社会责任的范畴是什么”这个问题形成了“经济责任型”和“社会责任型”两派。两者争论的焦点主要在于：（1）如何区别企业的经济责任与社会责任；（2）二者中谁为主导。

为了解决这一争端，学界进一步将卡洛尔的四种责任分为两类：第一类是企业经营行为的基本道德规范（经济、法律和道德）；第二类是经营活动之外的社会责任（慈善）。然而，事与愿违。围绕着企业社会责任“二分法”，理论分歧进一步发酵：这样的划分标准旨在区别企业履行社会责任是出于政治、经济、法律的制度压力还是企业自身的道德志愿，是否是唯动机论？

整体而言，多数学者倾向于将企业经营行为的基本道德规范（盈利、员工、利益相关者）归因于政治、经济、法律的制度压力下的企业社会责任，而将经营活动之外的社会责任（慈善）归因为：出于企业自身道德志愿的企业社会责任。法尔克（Falck）

和荷布里希（Heblich）（2007）认为：企业社会责任应该是完全志愿的行为。只要企业能在规定的社会基本秩序下遵守社会要求，企业社会责任可有可无。只有社会的基本秩序不符合社会发展趋势时，企业社会责任才起作用（Flack & Heblich）。但是，在实际情况中，往往是两种动机共同促成企业的社会责任行动，因为无论哪种动机都对企业产生利好的盈利效果。两种动机并不互斥，而是互促。因此，“只论动机不论行动”对企业而言是不公平的，动机的营利性或志愿性不足以成为判断企业社会责任是否正当的主要指标。

既然从理论上区别企业的经济责任和社会责任趋于无解，那么企业社会责任是不是就是一个伪概念呢？

二 企业社会责任的道德本质

关于经济责任和社会责任的争论实际反映了不同学者对企业社会责任的道德（ethics）本质的判断。

面对纷繁复杂、争论不休的企业社会责任定义，尼尔森（Nielsen）和汤姆森（Thomsenn）（2007）根据企业社会责任的对象和道德层次建立了一个分层的概念体系。如下：

> A. 传统的观点：“商业的社会责任是赢利”（Friedman，1970），其余的社会责任主要由政府承担。
>
> B. 利益相关者的观点（Freeman，1984）。
>
> C. 最大化的观点：企业应负的所有社会责任（Waddock，2004）。

在此基础之上，布朗克（Brunk 2010a）对企业社会责任的主要定义进行了更为细化的体系化梳理。首先，根据企业社会责任的类型可分为：

A. 纯粹的经济责任导向。企业社会责任就是在法律规范的范围内为股东利益最大化而奋斗（Friedman，1962）。

B. 纯粹的志愿性导向。企业社会责任应该是完全志愿的，仅包含超越经济和法律标准的企业行为（Manne & Wallich，1972）。

C. 经济、法律、社会责任、道德导向。企业社会责任可综合定义为四种类型的企业责任：经济、法律、道德和社会责任（Carroll，1979 & 1991）。

其次，根据企业社会责任的主要目标也可分为三类：

A. 企业社会责任的目标是在为股东谋取利益的同时，保护环境，提升与企业有关人员的生活质量（Savitz & Weber，2006）。

B. 企业社会责任是公开透明的商业行为，它以道德价值，尊重员工、社区和环境为基础，以给社会和股东带来大量可持续价值为目的（Perrini et al. ，2006）。

C. 企业社会慈善是企业使其负面影响较少或最小化，并将其对社会的长期正面影响最大化（Petkus & Woodruff，1992）。

布朗克（Brunk，2010a）尤其强调道德目标。他对卡洛尔（Carroll，1991 & 1979）的企业社会责任框架提出了批评，并提出了“道德统领说”。布朗克认为不应将道德看作与企业的法律、经济和社会责任相平行的一个独立分支。道德应该指导一切的企业社会责任行为，因而是企业社会责任的底色。学者的争论进一步说明，尽管企业社会责任并没有统一的道德标准，但是从公众的视角来看，企业社会责任是否“道德”决定了其社会效果。这一观点将企业社会责任的裁量权交到了公众手中，而企业与公众之间的信息高度不对称也意味着企业社会责任的社会效果将由媒介效果主导。同时，纯粹道德取向的企业社会责任定义也在警示商业界：没有完全道德的企业。我们将在第二节开篇继续讨论。

三　企业社会责任的操作化概念

在操作层面，根据采取何种道德立场，或者说如何平衡企业利益与社会利益，企业社会责任的两种关联理论是：公益营销，企业慈善（见表1）。其理论来源与演变如下：

表1　　企业社会责任的主要类型

类型	含义	伦理立场（利己/利他）	案例
企业社会责任	企业参与合作解决社会问题	整合企业利益与社会利益	星巴克“共爱地球”项目帮助咖啡豆种植者改善生活
公益营销	向消费者承诺将固定比例的销售额用于社会责任事业	利己（促销）	农夫山泉“一分钱”项目捐助希望工程
企业慈善	企业单方面的钱物捐赠	利他	盖茨慈善基金会

（一）公益营销

公益营销是作为一种营销手段而进入人们的视野的。1983年，美国运通公司通过许诺向修缮自由女神像的工程捐款来吸引消费者使用该公司的信用卡。最终该项活动为修缮自由女神像捐款170万美元，向商业界证明了社会责任的营销功能：运通信用卡的使用率上升了27%，新卡申领数量上升45%。由此，公益营销（Cause-Related Marketing，CRM）理论应运而生，而运通公司则被誉为公益营销的鼻祖。

严格说来，公益营销是“软推销”理念下的产物。公益营销的权威定义是瓦拉达拉杰（P. Rajan Varadarajan）和曼蒙（Anil Menon）在1988年提出的，他们认为公益营销是一个制定并实施营销活动的过程。企业以消费者采取购买行为并带来收益为前提，对某项社会责任事业给予一定金额的赞助，最终满足企业组织与被资助个人双方的目标。

根据这个定义，公益营销从来都是以营销收益为目的的，是“社会责任交易”。企业以社会责任为诱饵刺激消费者购买品牌产品，再用消费者贡献的现金流支持社会责任事业。如可口可乐公司的“美化德克萨斯”项目，消费者每邮寄一张购买“马里兰俱乐部”咖啡的凭证给可口可乐公司，公司就捐助十美分给德克萨斯州的高速公路与公共交通部门，作为该部门清洁州立公路与种植绿化带的费用。也就是说，将企业社会责任传播捆绑在促销活动上。

进入21世纪，公益营销被定义为“企业通过支持社会责任来实现更高的营销目标的战略”（Barone，Miyazaki & Taylor，2000）。公益营销更多地促成企业与非营利组织合作，旨在促销企业的产品或服务，同时为非营利组织募款或提高知名度。公益营销与企业慈善操作的不同之处在于，企业不仅仅是向公益组织捐钱，而是出于共同的利益与非营利组织建立合作关系（Zdravkovic，Magnusson，Stanley，2010）。

公益营销概念的演变恰好反映了其操作方式在悄然发生变化。20世纪80年代是企业社会责任的先锋时代，首批实施社会责任传播的企业测试了市场反应，强化了人们对企业、非营利组织和社会问题之间关系的认识。90 年代出现的是社会责任主流企业，通过使用店内促销、明星名人，大胆地将社会责任引入市场。今天，更多的企业正在扮演社会责任创新者的角色，发展新的筹款模式，发起全球性的活动，使用新媒体并将社会责任项目与核心业务需要联合起来（Cone，2009）。

为了避免“促销”招致“过于自私”的批评，公益营销正努力摆脱“营销”的既定形象。今天的公益营销不仅仅把社会责任当作是短期销售的工具，还借助非营利组织的影响力，希望与各种利益相关者建立信任和持久关系。企业逐渐意识到实现业务增长的本质是关注社会需要，推动公益营销向社会参与的新模式转化。

我国企业的公益营销是从 20 世纪 90 年代末模仿在华跨国企业的行为开始的，尽管目前采取这一营销手段的企业日益增多，但在实际操作中都缺乏规范性和战略性。主要问题集中在以下几个方面：（1）对社会问题的关注面过窄，集中在扶贫、救灾与教育援助领域。很多企业积极响应媒体在突发性事件中的号召，却忽视了选择公益项目应从企业的品牌内涵出发。（2）活动形式单向性，过于关注媒体传播带来的短期知名度效应，缺乏与公众的互动。（3）仅仅重视前期的宣传，重视企业的营销工作，忽视跟进服务工作（周栩伊，2012）。

（二）企业慈善

企业慈善是最早的企业社会责任行为（Bartkus，et al.，2002）。其早期定义是：商业组织对非营利组织的现金或实物（产品、物资和劳动力）捐赠（Cutlip，et al.，1994）。

资本主义慈善事业在 20 世纪转折时期的美国发展起来，旨在系统地根除社会弊病。“二战”后政府权力的不断增长，限制了慈善基金的发挥。但是，企业慈善在 20 世纪 50 年代再次兴起时，主要支持人文和文化事业（Katz，2006）。

进入 21 世纪后，企业慈善的捐赠对象扩大到各个社会领域。企业慈善（corporate philanthropy）被定义为“公司自由选择的社会责任，选择如何自愿地将资源分配给慈善或社会服务活动，以达到市场或其他商业目标，对于公司的行为没有明确的社会效果预期”（Ricks，2005）。该定义中的“没有明确的社会效果预期”指企业慈善相比公益营销而言，是一种利他动机最为明显的企业社会责任行为，它并不刻意获得巨大的社会关注以满足自身利益（Seitanidi & Ryan，2007）。

根据（Brunk & Blümelhuber，2011）的研究，慈善是远在企业核心商业责任之上的活动。人类和自然界的生存法则都是互相依赖，因此，钱和资源都是不断地在人与人之间循环和交换的，正确看待金钱的态度是：资本不是个人的财产，而是委托个人保管的财产。著名企业慈善家比尔·盖茨和卡耐基认为“带着巨富而死，是一种耻辱”。所以，拥有资本的组织或个人应该将它花在最有利于幸福、进步和人性发展的地方。“财产托管”的观念意味着慈善不再是行善者自吹自擂的道德奢侈品，而是有权力处置财富的人的责任，尤其当其面对一大笔财富时（Gates，1999；Srinivasan，2010）。因此，老观念的慈善仅仅是散财，而新一代慈善事业的经营则如同实现商业目标一样，包含了善款的使用效率、生产率和策划，比尔·盖茨称之为“捐赠的艺术”。

但是，认为企业慈善是纯粹的利他行为似乎过于天真。企业一方面将慈善当作表达社会关怀的方式（Idowu & Papasolomou，2007），另一方面也用它来帮助财务运作（Marom，2006）。部分学者认为企业的慈善捐赠是由开拓市场、吸引消费者、近似广告的经济功能驱动的（Burt，1983），也有学者认为慈善捐赠是由社会环境决定的，与企业当下的收益或花费无关（Marquis et al.，2007）。

通过梳理企业社会责任在操作层面的伦理立场和理论演变，我们发现，企业社会责任的执行越来越接近于利他的道德规范。这一共同的趋势使企业社会责任、公益营销、企业慈善三者之间本来清晰的伦理界限逐渐模糊。公益营销和企业慈善正在调整伦理立场，向兼顾企业效率和社会责任效果的企业社会责任转变。近年来兴起的热词 ESG（Economic，Social，Governance 的缩写）投资表明，甚至“邪恶的”资本也开始寻求正面的道德形象，道德在企业的社会责任活动中扮演了越来越重要的角色。而道德形象存在于公众的感知世界中，因此，企业社会责任研究需要相应地摆脱经济导向的经验研究，而关注以公众感知为核心的质化研究。

四 企业社会责任在中国

20 世纪 90 年代，随着大批在华跨国企业（主要是消费品和零售业企业）掀起社会责任的审计热潮，企业社会责任进入我国（Zhou，2006）。最初我国政府推广企业社会责任，很大程度是为了满足产品出口的要求（Tian，2007）。加入世贸组织后，一些企业由于不负责任的行为（如：血汗工厂，产品安全，空气污染等）遭到来自国内外的批评，企业社会责任才被政府正视。我国企业希望在这一领域达到发达国家的标准，但在初期面临着巨大的经济和制度压力。

随后，我国政府更多关注企业社会责任并加强了企业社会责任的相关立法。转折点发生在 2006 年 1 月正式实施的《中华人民共和国公司法》修订案，其总则明确规定，企业要“承担社会责任”。央企成为履行社会责任的排头兵。同年 10 月，党的十六届六中全会通过《中共中央关于构建社会主义和谐社会若干重大问题的决定》，明确提出要增强包括企业在内的公民和各种组织的社会责任。对于和中国一样的发展中国家来说，企业社会责任是深度参与全球市场的重要面。紧接着，上海证券交易所和深圳证券交易所发表声明，鼓励企业发布社会责任报告。这种自上而下的政策动员收效颇丰。金蜜蜂自2009年以来持续对中国大陆发布的社会责任报告进行监测。他们发布的数据显示，2009年后提交社会责任报告的企业数量平稳增长（见图2）。因此，有学者认为中国企业社会责任的兴起是“政府驱动”的结果。①

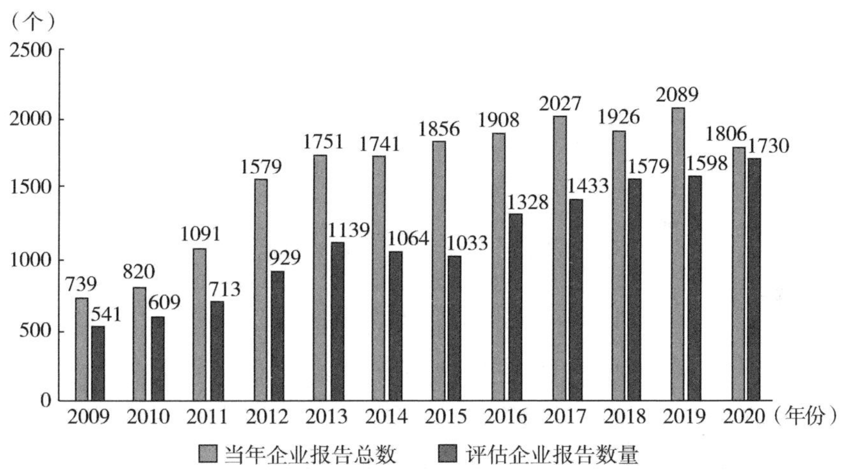

图2　中国企业社会责任报告数量（2001—2017）②

2008年汶川地震赈灾活动中产生了大量捐款和志愿服务，因此被看作是中国企业社会责任的“元年”。伴随中国企业“走出去”的战略，企业社会责任的概念和实践被广泛接受。时至今日，外媒认为中国的企业社会责任发生了翻天覆地的变化。依据

① Joe Mullich, “Corporate Social Responsibility Emerges in China”, *The Wall Street Journal*, 2020, https://www.wsj.com/ad/article/chinaenergy-responsibility.

② 参见新浪网《CSR报告：中国企业发布社会责任报告数量呈现逐年增长趋势》，https://finance.sina.com.cn/esg/investment/2020-11-12/doc-iiznctke1113520.shtml。

福布斯中国慈善榜单的数据，中国企业社会责任已经从国际市场的追随者变成领导者。① 这种说法不无夸张，但它表明中国企业社会责任正在从较低层次的慈善捐赠向兼顾经济、社会和治理的战略型投资/运营（ESG）发展。从企业社会责任报告的内容质量和企业发布社会责任报告的比率来看，中国企业社会责任事业仍然任重而道远。

随着私人慈善事业和志愿服务也在慢慢兴起，由企业家或富裕人士成立的私人基金会的数量逐步上升。历史上，中华民族就是一个“乐善好施”、以“大同”思想自处的民族，民间或官方的慈善捐赠活动由来已久，但是真正意义上的企业慈善捐赠却是在国有企业改革开始之后才开始逐渐发展起来的（刘军伟，郑小明，2009）。近年来我国的企业慈善事业发展迅速：2005 年，我国第一家企业慈善基金会——中远慈善基金会成立。截至 2007 年年底，我国已经成立了 335 个企业及个人设立的非公募基金会。这些慈善基金会在组织企业慈善捐赠、传播慈善理念方面发挥了巨大的作用。2008 年，我国企业慈善捐赠总额已经超过了 300 亿元，占到当年全社会慈善捐赠总额的近 1/3。但与欧美国家相比，我国的企业慈善捐赠无论在捐赠规模还是在捐赠水平上都仍然显得滞后。这些滞后的方面包括：（1）传统慈善文化的传承与宣传的滞后。（2）慈善文化功能发挥和慈善文化网络建设的滞后。（3）缺乏公平、高效的慈善援助机制。

总而言之，可以说我国企业社会责任还有很大的改进空间，不断变化的社会经济格局为我国的企业社会责任实践提供了一个

---

① 参见 The Collective，“CSR in China”，2018/10/30，https：//www. corespo nsibility. com/csr-china-follower-leader/。

向好的环境。二十大报告再次强调，“我们要加快发展方式绿色转型”。如果企业社会责任能与政府政策更好地结合起来实现社会责任投资的效率，网络舆论继续深入影响企业的战略决策，中国确实有可能成为未来的绿色超级大国。

第二节　“我为人人，人人为我”：企业社会责任的公共价值

商业具有“多重功能”（OECD，2001）：在提供商品和服务的同时，商业实践难免产生一些连带效应。总体而言，商业扮演的实际角色应包含积极的部分，如提供必需的商品和服务，并将创造的财富分配给商业所有者、雇员、供应商、顾客和社会，而消极的部分则是对环境和社会带来有害影响。因此，企业除了产生维持其自身运转的经济效益，还必须对社会和环境做出补偿，满足利益相关者及广大公众的社会期望。这是企业社会责任的理性基础。

在理性基础之上，企业社会责任还需要符合商业伦理的规范。伦理是关于道德的学问（陈金华，2006）。而道德从来是克己利他的行为，例如帮助他人、舍己为人、乐善好施等。可以说道德自古以来就以牺牲自己和利于他人作为基本的价值追求。当代伦理学比较研究的进展已经证实，提倡利他、为公的道德是不同“文化”、不同民族传统的共同的基本特点（秦晖，1999）。而商业伦理（或称企业伦理、经营伦理）是企业在处理企业内部员工之间、企业与社会、企业与顾客之间关系的行为规范的总和（徐子健，2009）。企业社会责任传播的公共立场则是如何正确处理企业

与员工、消费者、政府、股东等利益相关者以及社会大众的关系。

那么，我们依据什么判断企业社会责任是否道德呢？对企业社会责任传播进行道德评价一直是一个世界性的难题，围绕如何平衡企业利益与公共利益也发生过无数论战，企业是否应该将业务活动与社会责任事业结合起来？应该为社会责任事业投入多少？是否应该将消费者购买产品作为参与社会责任的条件？……尽管这些关键问题从来就没有标准答案，但讨论本身却具有重要的意义。正如康德所说：有两种东西，我们越经常越持久地加以思索，它们就越使心灵充满日新月异、有加无已的景仰和敬畏：在我头上的星空和在我心中的道德律（康德著，邓晓芒译，2003）。

比起伦理立场上的分歧，企业社会责任实践的公共价值由于受到文化背景、国家政策、产业竞争环境等具体条件的影响而显得更为繁杂，涉及企业管理和企业传播的各个方面。按照研究主题可将其分为两类：（1）企业社会责任的战略价值；（2）企业社会责任的传播价值。

一　企业社会责任的战略价值

研究发现，除了促进销售和提升声誉的市场优势，企业社会责任还具有市场外的战略优势。巴龙（Baron）将企业战略分为市场部分与非市场部分，这种结合的视角很好地阐释了企业社会责任与非市场战略的适配关系。非市场环境包括与公众、股东、政府、媒体和公共机构产生的互动，具有集体行动和公共性的特征（Baron，1995）。非市场战略则指企业在非市场环境采取的调节型行为模式，通过改善企业的整体表现创造价值。

首先，在员工招募方面。就企业和政府部门的情况来看，社会责任/公共事业更能吸引优秀的人才。政府机构用一定数额的金钱，能够招聘到比企业更加出色的技术人员或管理人员。原因是，公务员职位不仅本身具有诱惑力，还能唤起利他动机。这种优势是真正的优势。因为工程师或经理得益于为公众服务的额外满足创造了一种新价值（庇古，2009 年）。而员工在执行社会责任行为的过程中，能与社会责任精神产生共鸣，从而增加对企业的认同和归属感，提高员工对企业的职业忠诚度。

其次，有助于应对来自政府的制度性压力。政府机构的公共权力对市场行为的干预是政策性的强制压力。如果企业承担起社会责任，政府机构便会跟进，为企业带来政策倾斜，从而稳固并扩大企业的市场地位：不但将行业内的竞争者边缘化，而且提高了新竞争者进入市场的门槛。

复次，Godfrey（2005）认为企业社会责任可以创造“道德资本”或“关系财富”。通过媒体扩散企业的社会行为，企业强化了声誉，在社会地位上与各种利益相关者更为接近，使他们产生更高的信赖、忠诚、好感，强化企业行为的正当性。因此，这些强化的感知可以为企业提供“类似保险”的保护，免受来自各种利益相关者的负面影响，譬如消费者抵制运动和过度的政府审查。

最后，企业参与社会责任活动的潜在战略动机是展示企业能力。企业的捐赠行为标志着企业现有的财政状况良好，向市场合作者传达企业现金充足，未来商业条件良好，没有财务负债的信息，同时会被认为具有社会责任感，响应社会需求。因此，企业社会责任可以吸引市场参与者的注意并在股票市场上取得超常收益（Gao，Faff，Navissi，2012），从而与企业最关键的利益相关者——股东保持良好的关系。

实现企业社会责任的战略价值要求企业在制订企业社会责任

计划时必须做出正确的战略决策。这一决策过程往往受到市场营销人员的道德判断的影响（Nill & Schibrowsky，2007）。企业在传播他们的企业社会责任行动时必须“聪明些”，确保消费者将其行为归为内因（真心关怀）而不是外因（营利需要）。

此外，企业对社会责任项目的选择是否符合企业整体战略会直接影响公众感知到的公共价值。品牌与社会责任结合直接影响消费者对产品的接受程度，以及消费者对赞助品牌的好感（Ellen，Mohr & Webb，2000）。因此，企业选择社会责任项目应是一个慎重的过程。在确定“代言”的社会责任项目之前，企业需要进行一套全面的内外评估，衡量哪些社会责任项目与他们的业务、利益相关者的需求、资产和目标最为相关，同时可以切实产生社会和环境的公共影响（Cone，2009）。如果缺少了公共知名度，企业就不能如愿从企业社会责任活动中获得战略利益（Bhattacharya & Sen，2004）。

表面上，企业社会责任投资的经济效果非常直接：正面、负面、中和。有学者按研究结论将 109 个企业社会责任研究分为正面经济效果、负面经济效果、不明显经济效果、综合经济效果四组。其中许多实证研究认为企业社会责任将导致正面经济效果，也有研究认为企业社会责任将导致负面经济效果，有的研究甚至没有发现经济效果（Margolis & Walsh，2003）。虽然企业社会责任活动是否能产生有利的经济效果并未完全证实，但是学者和管理者都认为：可以将企业社会责任作为满足股东和利益相关者两者利益的规则来制定企业计划，并积极地从消费者道德判断的角度出发，将企业社会责任当作企业营利手段，从操作企业社会责任的方法上寻求企业的营利可能。这些自相矛盾的结果同时也给予学者暗示，公共效果或许才是测量企业社会责任传播的有效维度。

二 企业社会责任的传播价值

企业社会责任的传播意义主要关注企业社会责任如何与社会发生持续互动并在长期产生公共影响。企业管理者都意识到品牌与好的社会责任项目结合不仅是对社会负责的表现，还有盈利的潜力，他们对社会责任的品牌效果充满了兴趣。研究表明，品牌对社会责任项目的长期投入将会在两者之间建立起联盟关系，达成与消费者建立更深层的联系的目标，从而使得品牌维持长期的市场定位（Davidson，1997）。慈善捐赠可以帮助建立品牌知名度和品牌忠诚（Sánchez，2000），增强企业形象，提升声誉资本（Gardberg & Fombrun，2006），为企业获得有利的战略地位创造环境，因而有潜在的战略价值（Porter & Kramer，1999）。

企业社会责任首要的公共传播意义关于品牌/声誉。相关研究主要从消费者认知的角度展开。重点研究消费者的购买行为，对品牌认知度、好感度的增加。Du，Bhattachary，Sen（2007）的研究发现：即使是同样的企业社会责任行动，也会引起消费者不同的反应，主要看消费者认为企业社会责任是一时冲动还是品牌的核心价值。与企业业务定位的战略（如产品定位）相比，企业社会责任定位会产生深度的、长期的消费者关系，它是随着时间推移加深消费者关系，培养品牌拥护者的方式。企业社会责任定位的真实价值就是积累企业/品牌长期的声誉资本。对于这样的品牌来说，企业社会责任不仅产生利润，它更像一个长期的保险政策以备不时之需（Klein & Dawar，2004）。这样做的品牌也会增加其实力。培养以企业社会责任为基础的认同将会导致一系列超越产品消费的消费者行为（Lichtenstein，et al.，2004），如：对企业现有产品的忠诚度（客户维系），愿意尝试企业的新产品

（交叉营销），贡献良好口碑，抵制企业的负面新闻以及一系列拥护企业的行为。

个案研究发现，消费者对企业社会责任项目的态度不仅有赖于社会责任与品牌的一致性，还有赖于适配度与社会责任项目熟悉度的互动。社会责任项目的熟悉度降低适配度对赞助活动态度的影响，增加了适配度对品牌态度的影响。换句话说，品牌与有意义的社会责任项目合作时消费者对品牌评价较高（Zdravkovic, et al.，2010）。

同时，实证研究表明企业与被赞助者的一致性对社会责任活动的知名度（Johar & Pham，1999），对社会责任活动的态度（Hamlin & Wilson，2004），品牌形象（Becker-Olsen，et al.，2006），品牌态度，品牌好感度等结果有影响。根本上说，适配度是重要的，因为高度适配的社会责任活动与消费者对品牌的预期相一致，而低适配度的社会责任活动则不然。适配程度影响对社会责任活动的了解程度及态度，反过来也影响品牌价值（Keller，1993）。

此外，消费者对企业赞助社会责任活动的好感会使其对品牌产生情感，从而更喜爱品牌（Simmons & Becker-Olsen，2006）。如，雅芳公司赞助美国癌症研究协会的乳癌研究，为该公司赢得了女性消费者的良好评价。因此，对赞助活动的好感调节适配度与品牌态度的关系（Zdravkovic，Magnusson，Stanley，2010）。

考虑到消费者认知的复杂性，企业社会责任的传播价值还关乎消费者感知的企业道德（consumer perspective of corporate ethics）。这种研究方法建立在以消费者感知为基础的公共传播观上，颠覆了企业社会责任传播中普遍存在的服务企业的自我中心主义。奠基学者布伦克（Brunk）通过访谈的定性研究方法，从公众道德评价的社会价值取向来研究企业社会责任。Crane（2005）认为，企业往往不能清晰把握顾客的道德信仰，消费者所认为的道德/不道德行为也许与企业的想法不同，也很可能与人们普遍认为的道德行为不同（Clavin & Lewis，2005）。因此，消费者的道德感知是企业拟定社会责任传播计划的出发点，也是判断企业社会责任的公共价值的重要指标。

第二章　企业社会责任3.0

社交媒体一度是公信力增长最快的网络媒体。根据爱德曼（Edelman）公司[①]2012 年 1 月的调研，14% 的人非常信任社交媒体平台，比前一年增长了 75%。这一数值在 2018 年虽然达到了 41%，却呈现了跳水下降的趋势。[②] 与此同时，全球公众对企业的信任日益显著。2021 年，全球公众对企业的信任超过了包括公益组织、政府在内的其他任何组织，达到 61%。[③] 消费者现在反而期望品牌能够向社交媒体平台施压，帮助解决困扰虚假广告和侵犯隐私等一系列问题，因为广告商的力量显然要大于个人的力量。因此，在社交媒体平台上和消费者负责任地沟通，成为企业传达社会责任的重要渠道。

---

① 总部设于美国芝加哥和纽约的爱德曼（Edelman）公司成立于 1952 年，是世界上最大的一家提供公关咨询服务的独立公关公司，是全球第六大公关公司，目前在世界各地有超过 45 家办事处，拥有 2000 名雇员。爱德曼的业务由四家子公司承担：广告，管理咨询，StrategyOne（研究开发）及 BioScience Communications（医药教育和出版），使其可以为客户提供全方位的综合沟通服务。

② Richard Edelman, "*Memo to Brands: Fix the Social media*"（2018/6/18）, https://www.edelman.com/post/memo-to-brands-please-fix-social-media.

③ Edelman, "*The Trust* 10"（2022/01）, https://www.edelman.com/sites/g/files/aatuss191/files/2022-01/Trust%2022_Top10.pdf.

掌握适当的传播技巧能帮助企业更好地运用社交媒体来进行企业社会责任传播。学者认为，企业应该采用战略性的虚拟传播培养与关键利益相关者的关系（Kelleher，2006）。常规来说，在社交媒体平台进行企业社会责任传播有三种培养关系的战略：

首先是公开。企业管理者应该创造一个透明的在线传播，用社交媒体为他们的企业和社会责任项目呼吁。要实现完全的公开化，企业必须提供企业历史的细节，使用超链接连接到企业的网站，用企业标识和视觉元素巩固联想，并列出负责维护社交网站用户的人员名单（Berman，et al.，2007）。

其次，传播内容应该要对利益相关者有信息价值（Taylor，Kent & White，2001）。信息价值集中在发布的内容上（Crespo，2007）。最常见的发布内容包括关于企业社会责任项目的外部新闻网页链接，组织或支持者的照片、视频或音频文件，用信息公告板或讨论墙来发布通知或回答问题（Carrera，et al.，2008）。在社交媒体平台上发布媒体报道和活动简报也可以使企业的影响最大化，但需要企业精心运用修辞手法编排传播内容。

最后，互动是发展与利益相关者的在线关系的重要手段，企业要充分利用Web 3.0的网络工具。Jo & Kim（2003）的研究证明如果企业要强化与利益相关者的关系，互动性是基本要素。索取电子邮件地址和在线捐赠的方式可以增加互动性，不过企业应提供公益事件的日程表，或者列出利益相关者参加线下志愿活动的方式。互动的真正目的，应该是融入消费者中，融入大大小小的微博社群中，使他们认为企业已经是他们当中的一员。互动是鼓励消费者分享愉悦的购物体验，互动是寻找归属感、认同感。互动不仅仅是物质奖励，还应该包括有效的精神激励。

第一节 社交媒体时代的企业社会责任传播

媒介渠道是企业社会责任传播的重要组成部分，它决定了受众如何认知公益传播的主体，从而影响企业社会责任传播的公共效果。传播媒介如何影响企业社会责任传播的研究主要关注：网页（Welcomer，et al. 2003），企业报告（Gao & Zhang，2001），利益相关者沟通（Andriof，et al. 2003）的企业社会责任传播效果。Schultz 等人（2005）认为企业社会责任分为直接的和间接的传播，直接的传播是指通过外部的证实渠道，如报告文件、手册和网页，而间接的传播通过非外部的渠道，如本地日报的记者，员工、消费者和本地社区群众的口碑。要想聪明地赢得声誉，所谓的第三方背书比企业自己发布幕后消息要好得多。

互联网和社交媒体等新媒体出现后，企业社会责任传播的媒介研究开始关注新媒体对传播效果的影响力。其研究集中于互联网的特征、传播力如何影响企业与利益相关者的关系（McAllister-Spooner，2009）。Web 3.0 出现后，学者开始检验对话原则在博客（Yang & Lim，2009）、Facebook（Waters，et al.，2009）中的运用。

在互联网出现以前，传统的传播方式是单向的、不对称的、发布信息为主的。互联网的信息发布功能可以将传统传播方式的效能发挥到极致，但是互联网的出现也改变了传统的传播方式，Web 2.0 鼓励双向的，对称的和交流的传播方式，而 Web 3.0 则更看重用户创造内容的价值。这一改变影响了企业社会责任传播的模式。互联网和社交媒体出现之后，企业社会责任传播从过去的利益向相关者接收模式与利益相关者反馈模式，向利益相关者参与模式转变，即企业社会责任传播建立在企业与利益相关者的对话关系之上（Morsing & Schultz，2006）。

一　社交媒体时代的商业传播概况

（一）社交网站与微博客的特征

卡普兰（Kaplan）和黑伯林（Haenlein）认为：社交媒体是一组基于 Web 2.0 的网络技术和传播理念建立起来的互联网应用，它实现了用户生产内容的传播（Kaplan & Heanlein，2010）。这一定义是目前广为认可的社交媒体的定义，它囊括了所有用户生产内容的网络应用，如 Wikipedia，YouTube，Pinterest，Tiktok，以及社交网站 Instagram，Twitter 与 Facebook。2021 年，全球有 44.8 亿社交媒体活跃用户，比 2020 年的 36.9 亿用户同比增长 13.13%。

社交网站的定义是：个体在其网站上构建公开或半公开的个人资料来建立或维持关系，并展现与其他用户的社会关系的网络服务（Boyd & Ellison，2008）。社交媒体结合了如博客、公告板系统、社交游戏的网络服务和技术，构成了集信息发布、娱乐和社会交往功能于一体的强大的多媒体平台。微博客属于社交媒体的一种类型，由博客演变而来，由于它限制了用户单次发表内容的字数而被称为“微型博客”。与其他社交媒体相比，社交网站的突出特点在于它展示了用户的社交网络，与现实的人际社交网络具有相似性。

而人际社交网络包括两种拓扑结构类型（Barabasi，Bonabeau，2003）：随机网络和无标度网络。在随机网络中，多数节点有着大致相同的链接，而无标度网络中一些叫做中心的节点有比其他节点多得多的链接。好比现实生活中大家的社会关系都差不多，但某些人掌握更多的社会关系。

社交网络的结构类型决定了信息传递的速度。Kuandykov & Sokolov（2010）用代理技术模拟创新扩散在两种社交网络模型（图3）上的过程。在随机模型中，人群被分为一个个小群体，创新扩散的速度明显加快。而以优先连接原则建立起来的无标度网络出现了全体采纳的情况。无标度网络中较长的扩散时间与其信息公平度较低有关，如果首批创新采纳者是无标度网络的中心节点则创新扩散较快，普通节点则较慢。因为当首批采纳者是一个中心节点，由于其行为的显著性，这一创新能被其他节点看到，从而竞相模仿，跟随中心节点采纳创新，而如果中心节点不是首批采纳者，则创新扩散会遇到瓶颈。

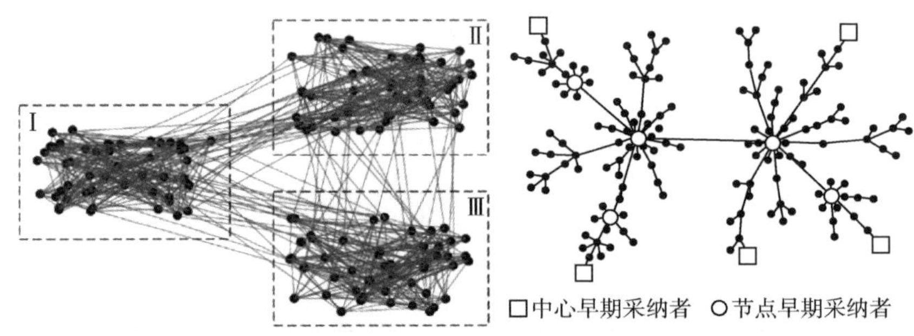

图3 随机网络（左）与无标度网络（右）的创新扩散图

现实中的社交网络通常是两者的结合，如星状子图结构（刘耀庭，2009），网络中存在的含有大量的邻接节点，起着网络中心作用的节点，其与邻接节点形成“星形”的结构图（见图4）。因此，微博客等社交网站的信息传播规律复制了无标度网络创新扩散的过程。统计显示，10% 的 Twitter 用户贡献了 90% 的 Twitter 信息，反映了微博客活跃程度和影响力具有高度集中性（Rui，Whinston，2012）。

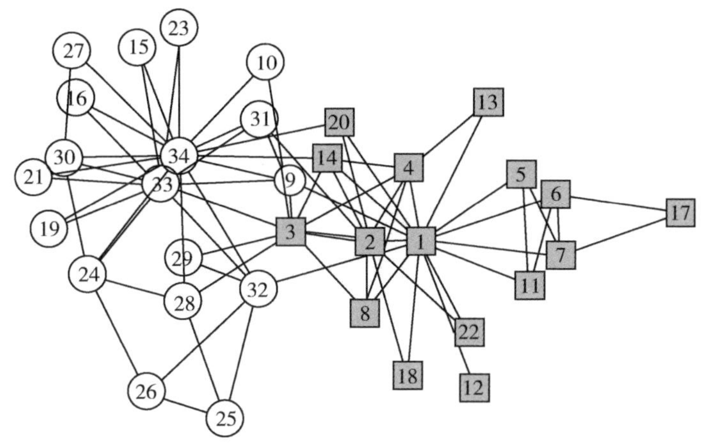

图4　一个典型的社交网络结构图

Facebook 与 Twitter 等社交网站不仅信息传递速度快，其本身就是为了社会交际而生（Avery，et al.，2010），因而被认为是企业等组织培养在线关系的最佳工具（Smith，2010）。此外，社交网站上的用户可以与企业互粉或关注企业，从而将企业拟人化，使个人与企业产生类似人际传播的感觉（Kent & Taylor，1998），以更个人化的方式促进两者关系。比通过传统的营销传播影响网民的态度和行为更有效（Thackeray，Neiger，Hanson，& McKenzie，2008）。

Twitter（推特）是第一个微博客网站，它在诞生之初是作为“一种短消息传递服务”进行推广，用户可以实时传递140 字以内的信息。此后，推特逐渐发展成为因特网上最大的微博客网站。中国的新浪微博模仿并复制了推特的基本应用功能。微博客的功能设计使其具有门槛低、简单易用、传播快速等特点。与博客、社交网站和即时通信工具比较，微博客在互动方式、内容形式、发布技术平台、现实拟合、互动方向的灵活性以及更新频率上的优势比较突出（见表2）。

表 2　　微博客与博客、社交网站及即时通信工具之比较

	微博客	博客	社交网站	即时通信工具
互动方式	一对一 多对一 一对多	一对多	一对一 多对一 一对多	一对一 一对多
内容形式	多媒体讯息 限 140 字	多媒体讯息 不限字数	多媒体讯息 不限字数	多媒体讯息及 大容量文件
发布技术平台	客户端，网页	网页	客户端，网页	客户端
现实拟合	熟人与陌生人	陌生人	熟人与陌生人	熟人
互动方向	单向及双向	单向	单向及双向	双向
更新频率	高频	低频	高频	不确定

商业界认为，微博客蕴藏着巨大的商业财富。推特每一秒产生的推文接近 6000 条，以此类推，每分钟发送的推文约 350，000 条，每天约 5 亿条，每年约 2000 亿条。[①] 对于任何组织来说，这些数据都是做出明智决策的重要依据。哈佛大学社会学教授加里·金（Gary King）认为，“（社交网站）让我们以前所未有的方式实时发现社会变化并作决定。……尤其对民主影响巨大。”[②]

（二）微博客等社交网站用户的使用特征和动机

微博客用户使用这项服务的一个显著原因是，社交网站使他们和生活圈子里的人甚至超越生活圈子里的人互相联系。微博客不仅方便人们维护现存的社会关系，也为人们发展新的社会关系提供便利，包括与完全陌生的人认识。

现有对微博客等社交网站用户的研究多集中在社会心理学方面，用心理学解释用户使用社交媒体的行为方式。研究发现，社

① 推特实时数据，（2021 年 1 月 14 日），https：//www. internetlivestats. com/twitter-statistics。

② King，G. & Persiley，N.，“Social Science meets Social Media”（2020 – 2 – 13），https：//charleskochfoundation. org/stories/social-science-meets – social – media/.

交网站的高参与度和态度、主观规范以及自我认同3个因素有密切关系，且成正相关（Pelling，Behav，White，2009）。另外，群体归属、集体自尊以及性别因素影响着中青年使用者，和同龄群体交流是人们使用社交网站的一大动机，在这类人群中，女性表现出很高的群体自尊心，并且她们的活动多数是为了消磨时间以及娱乐。而男性的表现相对负面，这和他们对社会补偿以及社会地位的满足感有关（Valerie，2009）。这一男女差异体现在很多研究中，比如分享行为（Chyan，Hsu，Tan，2010），个人设置（Joy，Dundes，2008），隐私信息的保护（Grubbs，Milne，2010）。

除此之外，年龄、情感等个体因素也对用户使用社交网站产生影响。18到22岁的年轻人是社交网站的活跃用户，且女性强于男性（Sangman，Magee，Kim，2007）。在情感方面，那些喜欢用写博客发表内心感想的人比其他人有更高的忧郁感、自责以及泄愤的心理，对于面对面的交友满意度低，他们把博客当作泄愤工具（Baker，Psych，Susan，2008）。社交网站为“自我呈现”者提供了一个新的平台，越是自恋的人越容易在网上进行自我推销，同时性别差异也影响了人们进行自我推销的形式与内容（Soraya，2010）。

另外，文化背景也影响用户对社交网站的使用。事实上，人们社交行为的基本价值和规范都来自他们所生存的社会文化环境（Recabarren，Nussbaum & Leiva，2008）。一项对中国香港和美国纽约网民的调查显示，在集体主义文化主导的香港社会，人们将因特网作为社会交往的方式，而在个人主义盛行的纽约，人们更倾向于将其作为获取信息的工具（Chau，et al，2002）。同理，在文化价值的影响下，社交网站的使用动机也会有所不同，因此使用方式（使用次数和使用时间）和对网站的态度也存在差异。

使用满足理论（Use and Gratification）常常被用来解释社交网站用户的使用动机。使用满足理论基于这样一种假设，受众是主动、有目的地使用媒介，这一理论解释了人们有目的地选择某种媒体来满足他们的心理需求，从而对使用体验感到满意（Katz，et al.，1974）。那么社交网站用户使用这一媒体的原因究竟是什么呢？Raacke 和 Bonds-Raacke（2008）调查了美国流行的社交网站 FaceBook 和 MySpace 的用户，发现主要原因是交友和寻找信息。同样的，荣格（Jung）等人（2007）调查韩国社交网站 Cyworld 后定义了六种使用社交网站的原因，娱乐、自我表现、提升职业素养、消磨时间、与家人和朋友交流、追赶潮流。Brandtzæg 和 Heim（2009）提出，挪威社交网站（包括该国四个最流行的社交网站 Underskog，Nettby，HamarUngdom，Biip）用户的四个主要动机是：信息，娱乐，社会交往和个人认同。其中社会交往是最重要的原因。人们抱着扩展社会交往的期望，把更多的个人真实信息放在了网上。从这一点来讲，社交网站满足了用户维持真实人际关系的需要。一项针对美国研究生使用社交网站的实证研究从不同的行为总结归纳出六个动机：维持人际关系，消遣，网上互动，信息分享，自我表达以及赶新潮，其重要程度依次递减（李丹，2009）。该结果再次说明，用户使用社交网站主要是为了维持人际关系。与从前的虚拟社区，网上聊天室等网络活动相比，社交网站迈出最大的一步是强调了现实生活中的人际关系。

计算机传播的学者发现计算机媒体使用方式与较积极的态度和较高的学习层次（Perse，et al.，1992），以及自我认同的满意程度（Garramone，et al.，1986）有关。Papacharissi 和 Rubin（2000）发现，那些用网络满足人际交往需要的人使用网络的程度最高。

还有研究以满意度为基础探寻了重度/轻度网民使用方式上的差异（Roy，2009）。尽管过去的因特网使用满足研究证实了在动机和行为结果之间存在联系，但是跨文化背景下的社交网站上的情况却不甚清楚（Kim，Sohn & Choi，2011）。用户关注企业微博客账号的使用满足机制也未得到解答。

（三）微博客等社交网站与企业传播

2021 年，移动数据公司 Elluminati 的调查数据显示，70% 以上的企业在社交网站上有账号，93% 的企业市场人员报告说，他们在社交网站的传播增加了企业网站的访问量。82% 的人表示使用社交网站增加了销售额。此外，90% 的企业每天至少使用推特账号一次，这些举措增加了销售额。[①]

早期的企业营销人员对社交网站能否提升企业的能力表示怀疑（Hill & White，2000）。Kent（2008）警告企业在用社交媒体时要尤其留意其风险，因为几乎没有证据表明它能为组织建立起虚拟社区，对企业微博的回应也仅限于使用微博的一小部分人。此外，研究者表明人们对企业的社交媒体内容并不感兴趣，他们主要用社交媒体与朋友、家庭和同事联系（Vorvoreanu，2009）。

十年前，单向传播仍旧是企业使用微博客时最常用的信息发布战略（Waters & Jamal，2011；Xifra & Grau，2010）。让关注者接受单向信息是最常见的非对话战略（Rybako & Seltzer，2010）。随着社交网站功能的升级，企业用微博做生意的方式已经进化。企业通过 Twitter 在趣缘社群内以及与供应商、客户和同行之间实时交换最新的高质量的专业信息，促成相关的业务关系（Cripps，et

① Elluminati，"Social Media statistics for Business"（2021－12－31），https://www.elluminatiinc.com/social-media-statistics-for-business/.

al.，2020）。对于初创企业来说，Twitter 数据还可以帮助他们探究创业生态系统，发现商业机会（Saura，et al.，2021）。

在社交网站的背景下，将企业信息与网民反馈结合起来可以更好地解释“企业—公众”互动。Men，Tsai（2011）以人人网和 Facebook 为样本来源，首次考察消费者与企业社交网站用户互动的研究。该研究以多种战略和理论框架为基础，包括的在线培养关系战略（Kent & Taylor，1998），广泛应用于受众媒介使用的使用满足理论，以及解释跨文化差异的文化背景框架（Hall，1989）。结果表明：中美企业在使用微博时普遍采用了学者建议的公开、信息发布和互动的对话战略。在中国这样的高语境文化下，公众主要通过扩大社交网络来交流情感，比起产品信息，他们更看重信任以及与企业的关系。在这样的文化背景下，企业传播的社交网络信息也必须迎合公众的社会需要。企业强调其拟人化的身份，表现得像个贴心的朋友，抓住了社交网站的本质。相反，Facebook 上的网站上的企业产品、促销活动和企业成就等信息有更直接，更明确，显然不太可能参与与品牌无关的讨论。

牛永生等人（2011）基于新浪微博十个企业的短期营销活动与其粉丝数量的互动，建立了企业微博营销的 AISAS（Attention，Interest，Search，Action，Share）模型。将企业微博营销分成两个阶段，即企业微博聚集粉丝的 Attention→Interest 阶段以及企业微博与粉丝互动、粉丝与自己的粉丝多层次互动的 Search→Action→Share 阶段。但这两个阶段没有绝对界限，理想的企业微博营销活动应该是 AI 粉丝聚集阶段和 SAS 粉丝互动阶段的循环促进过程。因此，企业应重视与真实微博粉丝的互动，否则其影响力在微博平台上将如 AIDMA 模型所描述的，呈现越来越小的趋势，直到成为没有生命力的死亡微博。

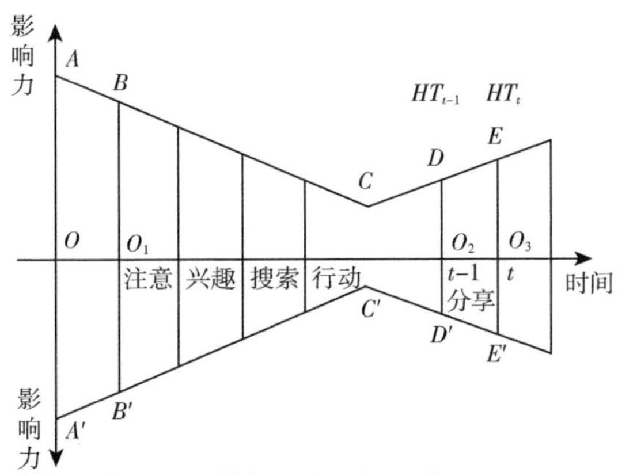

图5　企业微博营销的 AISAS 模型

Hwang，Su & Hung（2006）对企业的 Web 2.0 传播提出了四个建议：①创建社区：增加在线社区社交网络的规模。社区越大，网络外部效应越大；②吸引用户参与：设计一个可扩展的平台，有意识地激发用户发布内容；③定制体验：为用户创造一个友好的环境，通过便捷的即插即用模块、标签、注释等类似功能创造个性化体验；④整合网络服务：重新整合不同平台上的各种内容资源，提升信息价值。

在 Web 3.0 的技术背景下，企业的数字领导力对于能否开展有效的商业沟通和在全球/本地开展业务至关重要。即使在全球化的世界中，价值观、信仰、认知风格、与环境的关系、对社会结构的态度、时间、沟通等文化特质的变化也是非常缓慢的，但它们是理解数字经济条件下商业传播能否成功的钥匙（Dobinko，2021）。

综上所述，在社交媒体上，对话以及与粉丝互动是企业传播的重要技巧，最终决定传播效果的核心是微博客用户的公共信任。

二 社交媒体时代企业社会责任传播的关键词

（一）企业公民：来自网络公民社会的检视

诚信绝对是当今商界最热门的词语。在每年保持两位数的经济增速背后，劳动纠纷、环境污染、产品质量等问题频繁考验着我国企业的诚信。2008 年的“毒奶粉”事件是我国遭遇最严重的产品诚信危机。造成了国内消费者的恐慌，同时重创中国制造的商品信誉，多个国家禁止了中国乳制品进口。2011 年中央电视台《每周质量报告》调查发现，仍有 7 成国内民众不敢买国产奶[①]。此事余波未平，2012 年爆发的“毒胶囊”事件又将制药企业送上了公众的拷问台。在食品和药品这样关乎消费者生命和健康的产业里爆出黑幕，人们除了震惊和暴怒，更多的是对商业道德的质问，企业为了利润是否完全丧失了道德底线？

国际上也不乏撼动社会道德信念的商业丑闻，其中 2001 年的安然事件具有里程碑意义。总收入高达 1000 亿美元、名列《财富》杂志“美国 500 强”第七的安然公司突然宣布破产，揭开了企业财务造假、审计造假、管理高层通过幕后交易牟取私利的一系列商界黑幕。安然破产事件重创了世界范围内投资者和社会公众的信心。为了缓和消极影响，美国政府甚至专门出台了萨班斯－奥克斯利法案（Sarbanes-Oxley Act）来规范企业管理层和审计工作。[②] 而 2007 年年底波及全球的次贷危机从金融危机逐渐演

---

① 参见维基百科《2008 年中国奶制品污染事件》。

② 以提出该法案的美国参议院银行委员会主席萨班斯（Paul Sarbanes）和众议院金融服务委员会主席奥克斯利（Mike Oxley）命名。该法案要求公司高管对财务报告的真实性宣誓，加大了对财务欺诈的惩处力度，通过定期轮换审计师等制度使外部审计活动更加独立于企业。

变为一桩道德危机，在重创金融市场的同时亦强烈动摇了社会信用体系。正是金融界、商业界的“贪婪”和“自私”，才导致负债积重难返，引发资金链的断裂。可以说，比起技术缺陷来说，道德沦陷才是经济危机的主要诱因。

在这一系列商业丑闻的影响下，公众加大了对商业道德的苛责，消费者的抵制运动频发。2011 年的“占领华尔街运动（Occupy Wall Street)”掀起了公众抗议行动的高潮，其诉求从反对1%的富人利用商业特权对普通民众进行剥削，延伸到了对政治腐败和政府不作为的抗议。[①] 在商界道德形象不断下滑的时代，公众和消费者对于企业的心态是矛盾而复杂的。他们一方面认为企业是制造环境污染，经济丑闻和社会诟病的道德败坏者；另一方面，又对企业履行社会责任，如解决环境问题，推动公益事业发展，甚至鞭策社交媒体平台抱有较高的社会期望。超过一半的美国消费者认为他们的购买决定受到企业的公益表现影响，百分之七十的英国消费者表示，他们愿意多花钱在那些他们认为具有较高道德标准的产品上。[②] 2015 的 Greendex 指数[③]显示，发展中国家的消费者比发达国家的消费者更关心企业的环境友好行动。[④] 其中，中国消费者在 18 个被调查国家中排名第 2 位，仅次于印度。说明随着商业全球化进程的加剧，中国消费者对有环境责任

① 从2011 年9 月7 日至11 月26 日，该活动从纽约扩展到波士顿、亚特兰大、丹佛、芝加哥、洛杉矶、旧金山等美国主要城市，以及捷克布拉格、德国法兰克福、加拿大多伦多、澳大利亚墨尔本、日本东京、爱尔兰科克等美国以外的城市。多地示威者与警方产生暴力冲突。以影星苏珊·萨兰登、金融大鳄乔治·索罗斯为代表的美国名人对运动表示支持，《华尔街日报》等保守派媒体批评该行动引发了骚乱的恐惧感，自由派媒体 Crooks and Liars 网络论坛则对运动表示支持。

② 数据来自英国 Ipsos MORI 调查公司 2003 年的调查结果。

③ 国家地理和 GlobeScan 每年编制的新指标，旨在衡量消费者对环境问题的反应。

④ “Greendex by country”（2016），http：//chartsbin. com/view/40806.

感的产品的需求更强烈。

同时，政府也对企业履行社会责任提出了更多要求。在全球化的商业环境中，国家界限已然模糊，更多跨国的大企业需要承担以往政府的公益责任（Matten & Crane，2005；Post，Preston，& Sachs，2002）。加入世贸组织之后，我国政府也开始重视企业社会责任对企业行为的规范作用。2006 年年底，中央经济工作会议就提出：企业应该承担起社会责任。2006 年 9 月，深圳证券交易所发布了“上市公司社会责任指引”，鼓励上市公司引入社会责任机制并形成社会责任报告。2008 年 5 月 13 日，上海证券交易所发布《关于加强上市公司社会责任承担工作的通知》，提出了“每股社会贡献值”概念。2008 年，国资委发布《关于中央企业履行社会责任的指导意见》，要求央企在承担社会责任上起模范带头作用，并提出了企业社会责任的原则和履行办法。

从现实的角度来看，来自国际社会和国家政府的制度型压力，以及社会大众施加的消费压力加剧了企业调整战略方向的迫切感。通过积极地投身公益事业，企业可以满足政府、消费者等关键利益相关者重建商业道德的要求，从而树立社会责任形象，获得良好的声誉，在市场竞争中脱颖而出。哈佛大学商学院教授、知名战略学家麦克·波特认为，涉足公益领域是商业经理人争夺竞争优势的新制高点（Porter & Kramer，2002）。

在社会需求和商业潮流的共同推动下，企业社会责任传播逐渐成为主流商业社会的标志，数量和质量上都有大幅增长。2005 年，约有百分之十的标准普尔企业用专门的企业社会责任报告翔实报道他们的公益活动（Baskin & Gordon，2005）。2012 年，有 1006 家中国企业发布了企业社会责任报告，与 2006 年的 32 份相比有了长足增长①。

（二）“做善事得善果”（Doing well by doing good）：企业社会责任传播的误区

大量实证研究的积极结果表明，公益事业有助于企业的长期发展与保持市场竞争优势，“Doing well by doing good”，企业可以通过战略性的公益事业获得更大的经济回报，做善事得善果。然而，这一论断在实践中却被功利化地理解为营利手段。实证研究显示，公益战略在财政收入方面的表现喜忧参半。既有研究证明公益事业与财政收入无关（McWilliams & Siegel，2000），也有研究证明两者之间正相关（Waddock & Graves，1997），更有研究证明两者之间负相关（Wright & Ferris，1997）。企业的公益事业进入了一个自我否定的误区：如果做善事不能得善果，那么作为营利组织的企业为什么还要从事公益事业？

事实上，财政收入仅仅是衡量企业社会责任活动效果的一个短期指标，判断单个企业社会责任传播活动的成功与否不仅要看是否实现了既定的经济目标。还要意识到，企业目前的财政状况、产品生命周期、社会责任项目选择、传播技巧等其他因素共同决定企业社会责任传播的结果。企业社会责任传播是一项综合了企业核心定位、经济效果预期、公共环境分析的长期战略，任何一环的疏漏都将对整个计划产生致命影响。

然而，企业社会责任传播往往将“传播”作为独立的渠道看待，导致传播与战略的脱节。或一方面通过传播树立公益形象，另一方面在战略上违反公共利益；或一方面在战略上重视社会责

---

① 参见新华网《2012 年中国企业社会责任报告白皮书发布》2012 年 12 月 21 日，http：//news. xinhuanet. com/fortune/2012 – 12/21/c_ 124127322. htm，2013 年 4 月 6 日。

任，另一方面在传播上保持低调。前者甘冒将企业置于舆论风口浪尖的风险，后者则担心高调传播引起公众反感，恰恰丧失了和公众沟通的绝佳机会。两者的结果都是让公众感到“言行不一”。已有研究表明，感知的不一致是导致公众对企业信任下滑的主要原因，而决定公众感知是否“一致”的恰恰是企业如何传播公共价值（Bentele，1994）。在高度媒介化的当今社会，包括企业在内的各色组织都是通过传播而存在于人们的感知世界中。同样，没有传播，企业社会责任活动无法被公众感知，也无法产生相应的社会效果和经济效应。可以说，战略暨传播，传播暨战略。那么，企业社会责任传播如何走出功利主义的误区，做到“言行一致”？不同企业的战略差异会导致怎样的结果差别呢？这些关键问题只能通过受众的反馈，也就是企业社会责任传播的公共效果来回答。

（三）信任稀缺：社交媒体时代的企业社会责任传播及其挑战

随着以微博客为代表的“实时自媒体”兴起，人们可以通过发布简短文本的方式在任何时间、任何地点便捷地进行信息交流。企业与利益相关者间的信息不对称程度逐步呈下降趋势。多样化且持独立视角的公众无时不在检视企业的不道德行为。企业与公众之间的信息互动增加。因此，企业在任意经营环节的逾矩成本都可能被病毒式传播无限放大。在这样一种日益“透明化”的商业环境中，建立与维持企业信誉成为商业传播最大的挑战。

那么企业如何建立和维持信誉呢？根本方式是通过长期的交往、沟通从而在企业和利益相关者间建立起信任。这种信用凭证可以为企业的产品、行为和关系提供担保、构建信任、提供背书，甚至与各个利益相关方之间建立起紧密的联系，成为具有共同目标的利益共同体（吴伯凡，2010）。而企业社会责任传播服务于这一目标的潜力是不言而喻的，它不是一个短期的促销机制。随着时间推移，社会责任项目的公共效益逐渐显现，在经济和情感的双重效用下使企业的公民身份得到公众的认可。一方面，通过对企业利润进行社会再分配，实现企业与更广泛的利益相关者的利益共享；另一方面，公益价值的传达加深了企业与利益相关者的共鸣，在价值共享中建立起“具有共同目标的利益共同体”。在理想的共同体中，企业与利益相关者除了共享物质利益，还有一致的公益价值观，企业与利益相关者传统意义上的交易关系逐渐被具有固定互动频率与共同旨趣的社交关系所取代，使得共同体结构趋于稳固，进而企业获得长期发展的保证。

新兴的社交媒体——微博网站为企业与利益相关者建立稳定的公共关系提供了机遇。目前，全球用户最多的微博客网站分别是推特（Twitter）与新浪微博（Weibo）。两者提供的信息服务基本类似：只允许用户发布单次140字以内的信息；通过关注与被关注来建立用户的个人社交网络，关注者可以获得被关注者的实时信息；提供基于OATH 2.0开放平台的API工具，使用户可以接入网站调查数据和开发应用。2021年3月，新浪微博月活跃用户数量已经达到5.3亿，日活跃用户2.3亿。① 同年，推特网的日活跃用户也达到了2.06亿。② 微博客网站的繁荣为企业涉足利益相关者的社会网络，挖掘人际关系价值提供了便捷方式。DCCI认

① 参见新浪财经《微博季度营收再超预期同比增长42%》，2021年5月10日，https：//finance. sina. com. cn/tech/2021－05－10/doc－ikmxzfmm1649971. shtml，2022年1月16日。

② Statista，“Leading countries based on number of Twitter users as of October 2021”（2021－11－19），https：//www. statista. com/statistics/242606/number-of-active-twitter-users-in-selected-countries/.

为：通过激活微博平台上的人际关系链，将信息有效地传达给目标受众，可以促使他们产生有利于企业或品牌的态度和行为。其特性是：（1）自媒体，互动强；（2）“自然人”化；（3）持续沟通；（4）激活人际关系链；（5）影响用户态度和行为；（6）用户态度行为反馈有利于企业/品牌（DCCI，2012）。

数字平台进一步加速了企业社会责任传播的全球化，也为制定统一的企业社会责任标准带来了挑战。1997 年成立的全球报告倡议组织（GRI，Global Reporting Initiative）与联合国环境署一直在全球范围内推动联合发布企业社会责任报告的活动，早期有丹麦、法国、巴西、南非四个国家加入。但是由于各国文化背景、政策环境的差异，在操作上却并没有形成统一的规范。比如，丹麦 2008 年施行的财务报表法案（Danish Financial Statements Act）规定大型上市公司必须每年发布企业社会责任报告，是世界上六个对企业发布社会责任报告做出强制规定的国家之一（其余五个国家是挪威、瑞典、荷兰、法国、澳大利亚）。而对于包括我国在内的大多数国家来说，发布企业社会责任报告目前仅仅是指导性或志愿性的规定。伴随跨国界商业活动的日益频繁，企业社会责任的全球化标准呼之欲出，这需要我们更好地理解跨文化社区中的受众，尤其发现他们的差异性和同一性，并找到求同存异的路径。

（四）企业家精神：管理层志愿与责任感知

企业社会责任催生了“社会企业家精神”一词，该概念拓展了企业家精神注重创新的维度，为创新注入了结合商业利益以及社会利益的方向。这意味着企业家作为企业社会责任的主导者，不仅仅是做出捐款决定，把改善社会问题的具体工作委托给他人，而是参与到承担社会责任的具体工作中，追踪社会投资的现金流动情况，评估社会效益的改善情况。更确切地说，他们以关注“产品链”的方式来参与生产“社会责任产品”。

被誉为“创意营销”的公益营销（cause-related marketing）和社会营销理论（social marketing）提出将公益事业与促销活动结合起来实施，一度被视为商业创新的原动力。然而，由于“营销”的功利本质，这些概念在21世纪不断遭到挑战。甚至美国营销协会（AMA，American Marketing Association）也开始反思传统的“营销”概念，不断更改营销的定义。其2007年的定义为：

> 营销是……为消费者、客户、伙伴以及全体社会创造价值。①

而最近一次（2017）修改后的定义为：

> 营销是为消费者、客户、合作伙伴和整个社会去创造、沟通、传递和交换有价值的产品的活动、配套制度和流程。②

这一定义变迁反映出商业利益服务于公共利益的社会本质。企业参与公益的方式从传统的对外捐赠逐渐转变为结合企业经营的企业社会责任，并日益成为战略性的社会投资（Baron，2001；Epstein，2002；Porter & Kramer，2002）。除此之外，新增的“创

① AMA，（2012 - 3 - 2），https：//www.ama.org/the-definition-of-marketing-what-is-marketing/.

② AMA，（2022 - 1 - 16），https：//www.ama.org/the-definition-of-marketing-what-is-marketing/.

造（creating）、沟通（communicating）、传递（delivering）和交换（exchanging）”四个动词，从流动的视角来看待企业所能提供的价值（offering），并将企业外部组织作为确认价值的主体。这意味着商业的终极目的是输出公共价值、获得良好的外部评价。

与向内敛财的传统思维不同，围绕着企业家精神的概念，当代商业的动机以及目标都发生了向外给予的转型。以至于西方学者将这种旨在满足公益需求的商业转型称为“慈善资本主义”。全球最大的慈善基金会比尔与梅琳达·盖茨基金会的创始人比尔·盖茨则认为企业社会责任事业不仅可以改善社会问题，同时可以改变商业制度的运作方式，他把这一现象称为商业社会的“制度创新”（Bishop & Green 2010）。企业社会责任理论倡导以公益为企业战略，实现企业与社会的可持续发展的双赢局面。不仅将公益作为商业手段，更将公益作为商业目标。要求企业主体通过服务公共利益为自身经营和发展获得公众认可的正当性。

但这一商业理念的转型在实践层面的执行差强人意。企业的社会活动影响只限于商业活动所及，公益领域并不是企业所擅长的领域，所以，企业社会责任似乎不太可能对社会产生什么有益的结果。Drucker（2001）认为：处理商业活动附带产生的负面社会效应是商业责任，而不是社会责任。如辉瑞制药和英国石油对企业社会责任的投资实际是为了自身的商业利益。缠身于自由市场的激烈竞争的企业在为社会公益服务时往往是不可靠的，或者是随意的。企业越参与社会公益，这些项目将来获得的资金越易减少。

> “一般来说，商业是绝对不胜任‘无形’领域的。商业的能力在于可测量性和可说明性。这是市场检验需要衡量生产

> 力，赢利率要求的原则，缺少了这些，就是商业力所不及了。超出了商业的基本原则，也就在商业的价值体系之外了。”（Sasse，Trahan，2007）

由此可见，美国的管理学与传播学的学者对企业社会责任传播的发展做出了突出贡献（Latapí Agudelo，Jóhannsdóttir & Davídsdóttir，2019），其中蕴含的美式商业价值观也是显而易见的。这些研究，或者说这种价值观的不足之处在于：

1. 功利的效果导向。通过测量消费者情感反馈或购买行为来指导企业的公益活动。忽视了公益行为执行过程中企业与公益组织、受益人的互动，企业可能因此错失潜在的机会（Seitanidi & Ryan，2007），或在细节上犯错误引发消费者的抵制（Brunk 2010b）。“清华—罗德企业社会责任项目”研究室和清华大学媒介调查实验室联合发布的《快速消费品行业企业社会责任指数研究报告》显示，消费者所关注的企业社会责任顺序前三名为：产品质量76.8%；环境保护59.9%；诚信经营47.4%。“慈善事业与社会公益”仅以24.3%排在第四（骆闻，2009）。健康安全的产品和诚信的市场环境是企业社会责任传播的基础，而以“捐钱”为代表的企业社会责任传播并没有获得消费者的认同。因此，对消费者或利益相关者认知的考察应该从品牌声誉转移到公共信任心理。

2. 研究局限于微观层面的企业个体，没有回答关键的问题：企业社会行为是否对社会和利益相关者产生了可持续的利益。研究范围被限制在能够直接或间接与货币这一测量尺度有关的那部分公益效果，没有设定社会效益的测量标准，表明该领域的研究有待长足进步（Rochlin & Chrtstoffer，2000）。

3. 现有研究很少涉及企业社会责任传播的非市场优势（企业与公众、股东、政府、媒体和公共机构产生的互动）。利益相关者、认同、声誉和战略管理是企业传播的基础。在现有的研究框架内，调查欧洲与亚洲或美洲的消费者感知之异同是展开进一步研究的有趣路径（Brunk，2010a）。

4. 现有研究从战略管理理论出发考察利润回报以及声誉资本的多，对特定文化环境下公众的信任心理机制考察较少（Almunawar & Low，2013）。企业社会责任行为必须借助媒体技术，促使公众产生正面的道德评价和行为支持，并促成社会进步，反过来，社会效果对公众产生正面的道德评价和行为支持存在潜在调节作用。

人们往往高估了商业投身社会公益的效益和能力，而企业社会责任计划之外的社会危害又常常被低估。投入产出机制不明，或者说难以评估价值的公益投资尽管存在诱人的潜在收益，但是对资本的随意处置实际上伤害了企业最主要的利益相关者：顾客、员工和股东。因此，基于公共价值的企业社会责任 3.0 不能盲目夸大企业社会责任的投入能为企业带来良好声誉。假如外部组织认为企业是用公益宣传企业或买好处，那企业就无法获得良好的声誉了。因此，战略型企业社会责任的矛盾之处是，如果将企业社会责任与企业业务相结合当作战略实施，就会减少人们对企业志愿性的认可。

此外，企业社会责任有可能加剧大企业对市场的垄断。由于商业全球化是企业施行企业社会责任的外在压力之一，推广企业社会责任的少数大型企业正试图为世界市场预设的“游戏规则”。因此，企业社会责任 3.0 应该着眼于对外传递、交换价值，即如何消除外部组织对企业的认知矛盾，获得他们的信任，以及为全球化的企业社会责任注入多样化的本土化元素。例如：今天的社会企业家精神更关注企业家自身的愿望表达，企业家个人的社交媒体账号成为大众感知企业责任的重要渠道。企业家在社交媒体上暴露的社会关系以及社会活动都可以表达其个人的人文价值取向，为公众感知企业社会责任提供更为个人化的视角。

由此，基于媒介环境与组织运营的社会条件发生的共同演化，本书提出“企业社会责任的公共传播”这一概念。即：以特定的公共治理目标为导向发起传播行动，旨在通过嵌入社会创新趋势实现企业共同体的可持续发展的组织传播模式。

第二节　走向公共:高度媒介化的企业社会责任

一　企业社会责任传播的公共效果：公众信任

Luhmann（1973）认为，信任是一套降低不确定性的社会机制。这一机制同样也适用于传播现象。当传受双方互不熟悉时，受众缺乏相关信息对传者做出判断，不确定性高，通过传播可以降低受众对传者的不确定性，建立信任。在现代社会中，由于个人化和商品化程度的提高，减少了人们进行面对面传播的机会，因而大众媒介扮演了重要的角色。政治、经济、文化、体育等社会生活的方方面面都要遵循大众媒介的传播规律来构建公众信任，使得当今社会成为一个高度媒介化的社会。

Bentele（1994）首次在传播学背景下提出了“公众信任”，这一定义后来被广泛引用。公众信任是一种减少复杂性的传播机制。同时，它也是个体、组织/机构和社会系统通过公开传播，建立公众信任的过程及其过程的产物。个体、组织、系统是信任客体，而信任主体（受者）依据普遍的信任元素对信任客体给予不同程度的信任。构建公众信任仅能通过信任中介（公共关系和记者）实现，在构建公众信任的过程中，信任主体侧重于期待客体在未来的表现，这一期待也同时受到主体过往经历的影响。

其中的要素包括：（1）信任主体；给予信任的一方；（2）信任客体，被给予信任的一方，指进行公共传播的个体，组织和系统（社会系统，技术系统等）；（3）信任中介，即公共传播媒介。公共传播中引用的事实和事件以及文本信息扮演了关键的角色。在媒介化的社会中，信任的获得与失去都依赖于专业的媒介组织，公关机构所传递的信息。同时，自媒体如博客和论坛也成为构建公众信任的信息渠道。

根据信任客体从微观到宏观的排序，公众信任可以分为四个层次：

1. 人际基本信任。在个人社会化期间形成，主要是在婴儿时期。人际信任是建立其他类型的信任的基础。

2. 公众对个人的信任。如：政治家等名人以近似日常人际传播的方式在大众媒介上出现，打造不同程度的亲切感。本特利（Bentele）认为公众信任是以人际信任的建立为基础的。

3. 公众对组织的信任。公开传播或多或少赋予个人一些信任，组织（如：企业，政府，协会，非政府组织等）在显赫的个人带领下，也会通过公开传播获得信任。

4. 公众对系统的信任。系统指较大或较小的社会子系统，政治，经济，文化和法律是较大的子系统，而健康，教育系统属于较小的系统。公共技术系统（如：电力供应）是尤其敏感的信任客体，其技术成分有可能产生严重的有害后果。

公众信任理论认为，信任体系中不同层次的公众信任是互相牵连的。比如，人们会给予最高检察院的检察官最基本的信任，因为他属于最高检察院这样一个公众信赖的公共组织。而检察官如果被发现有受贿的嫌疑，那么也会动摇公众对最高检察院的信任。

此外，公众信任理论还指出了信任元素，即影响信任主体对信任客体产生或失去信任的方面。由于信任是通过分析媒体报道产生，信任元素也可以看作是新闻元素。莱比锡大学长期收集德国主要印刷媒体关于德国企业30强的报道，通过对其进行编码和内容分析建立了“企业信任指数”，该研究项目的测量单位包含3个维度的7个信任元素（Seiffert，et al.，2011）。第一个维度是主体信任，包含主体的知识，解决问题的能力两个元素。指个体或组织的知识、专业技能。第二个维度是社会规范信任，包括主体的道德/规范行为，以及责任感。第三个维度是社会心理信任元素，包括社会行为、个性和传播技巧。这些信任元素再次表明：社会期盼的责任感和道德行为不仅是公众信任的决定因素，同时也决定着企业社会责任传播的公共效果。那些在媒体上表现出责任感和道德行为的个体和组织从来都能获得受众的信任，取得较好的效果。

值得提醒的是，信任不会暴涨，但是信任确有可能暴跌。获得信任需要长时间的逐步积累，失去信任却往往是一瞬间的。任何信息不一致都会导致公众信任的下降。不一致的报道将对信任造成摧毁性的打击。当代社会的高度复杂性不仅加剧了组织内外部的差别，也加剧了人们理解内幕的困难。如果不具备专业知识，普通人无法明白企业内部究竟发生了什么。因此，媒介报道出现不一致表现了企业内部与外部的突出矛盾。不一致的情况越多，公众撤销信任的可能性就越大。系统地来看，企业社会责任传播出现不一致的情况主要有以下几种：

1. 传递信息与事实之间的不一致。如：谎言，委婉的表达。

2. 言语与行动之间的不一致。如：拖延行动，犯规，象征性的行动。

3. 企业不同发言人的表达不一致。如：就同一个问题，来自同一组织或相似组织的不同领导人的说法不一致。

4. 同一发言人在不同时间点的表达不一致。

5. 同一机构或相似机构在不同阶段的行动不一致。如：前后矛盾的社会价值观，或前后矛盾的企业社会责任执行策略。

6. 实际行动与广泛接受的法律或道德规范的不一致。如：企业 CEO 的奢侈浪费行为。

这里的不一致是指企业社会责任传播造成受众感知的不一致，尤其是在报道危机事件时，媒体记者在寻找新闻元素的时候，总是关注那些冲突，犯规行为或者负面消息，夸大受众对不一致情况的感知。而企业总是避免组织传播的不一致，掩饰那些实际存在的不一致情况。

企业社会责任传播使企业从私人领域进入公共领域，在这个过程中，公众信任对企业的价值类似于诚实对人际交往的价值：没有诚实，人与人之间的关系难以维系，没有公众信任的支撑，企业社会责任传播同样难以为企业的生存获得正当性，为企业的发展累积社会资本。因此，公众信任反映了人们共同的道德判断，是企业社会责任传播的驱动力以及行为指标。

企业社会责任报告由于与企业的财务审计相结合，同时是一种制度性的安排，成为主导社会责任传播的最重要媒介。企业社会责任报告的标准样式包含社区、人力资源、产品/服务以及环境四个方面的内容。但企业的规模、业务类别会对社会责任报告的侧重点产生不同影响，这一侧重与利益相关者的期待、关注点相符合，决定了企业社会责任传播是否能否赢得信任。因此，在社交媒体时代，赢得公众信任的企业社会责任传播应是由外至内的，在企业拟定社会责任报告之前，除了考察制度性的要求，还必须利用大数据工具分析利益相关者对企业社会责任的认知与需求。这就需要进入基于公共传播的下一级，口碑管理。

二　企业社会责任传播的公共策略：利益相关者对话

利益相关者是战略管理与企业社会责任传播的重要概念。利益相关者理论的基本观点是：企业必须考虑到其行为对他者产生的影响，以及他者对企业产生的影响，与操作企业社会责任一致。Freeman（2004）认为利益相关者理念与企业社会责任实际上是一回事。作为传播对象和传播效果的感知者，利益相关者成为企业社会责任传播重要的理论构成。

1984 年，费里曼的著作《战略管理：利益相关者的视角》出版之前，主流管理学理论一直将持股人（shareholder）视为企业需要维系的最重要的或唯一的社会关系（Freeman，1984）。相对于纯粹经济功能的“股东价值最大化”的企业定位，利益相关者理论的提出扩展了商业的评价体系，评估一个企业时不再单纯看它是否盈利，而是要看它对社会的整体贡献。利益相关者的概念常常被用在企业社会责任传播的具体操作中，并有了长足的理论发展。

与股东具体指向企业股票的持有者不同，利益相关者指向的对象是笼统的，比如费里曼所说的那些被企业活动所影响也影响到企业活动的群体。按照企业运营涉及的社会关系，利益相关者可以简单地分为八个方面（Avenarius，2000）：

1. 消费者，采购商。

2. 供应商。

3. 竞争者，比如行业协会成员。

4. 劳动力，雇员和工会组织。

5. 政治纽带，政治家，行政部门，国会。

6. 社会政治纽带，社区居民，教会。

7. 文化与媒体纽带，媒体组织，艺术家，高校。

8. 资本市场，股东，银行，股票交易机构。

根据利益相关者与企业联系的亲疏又可以将其分为首要的利益相关者和次要的利益相关者（Werther & Chandler，2006）。首要的利益相关者指对企业生存至关重要的群体，包括消费者，雇员和供应商。而次要的利益相关者指那些间接与企业发生联系的部门，包括国家机关，非政府组织，媒体和社区。其中，既有从企业盈利中获利的利益相关者，比如供应商，也有对企业盈利形成威胁的群体，比如非政府组织，媒体组织。后者代表与企业利益相对的利益群体，又被称为“利益寻求者”。企业通过在利益相关者之间再分配利润，满足利益相关者的需求，巩固与利益相关者的关系，获得利益相关者对企业的支持。Dunfee（2008）通过研究企业如何将企业的超额利润分配给不同的利益相关者，发现企业与利益相关者的关系同样遵循市场规律。企业好比是公益产品的提供者，而利益相关者通过互相竞争来获取这些公益产品。

然而，对企业产生潜在影响的社会群体或个人显然不仅仅局限于前述八个部门。在企业的市场和制度联系之外，还有一类被称为“旁观者”的社会群体，这些人是企业的观察者，他们“与企业没有产生交易关系或事件影响，但是有与企业产生关系的可能”（Heath & Coombs，2006）。因此，公共关系学者认为，要用公众这个更广泛的概念替代“利益相关者”的概念。公众指那些意识到企业可能会对自身产生影响，并准备采取行动应对这一影响的人或群体。相比起与企业互相影响的利益相关者，公众包括了那些关注到企业，但是尚未对企业产生影响的个人或群体。Grunig 和 Hunt（1984）根据公众与企业的联系，将公众分为四种类型：第一种是授权关系（enabling），即那些可以对企业施加权力的公众，如股东及政府。第二种是功能关系（functional），对于企业组织运作必不可少的公众，如雇员，消费者。第三种是规范关系（normative），与企业有着共同利益的公众，如职业团体，竞争者以及同行。第四种是散播关系（diffuse），指那些基于企业行为与企业发生联系的公众，包括媒体，社区以及社会活动者。运用这一公众理论，格鲁尼格（Grunig）较早考察了公众对企业社会责任的态度，并提出要针对不同的公众定制企业社会责任传播计划。但是，在社交时代，公众的身份是虚拟或者模糊的，无法判断他们会以何种形式和企业用户发生联系，或者发生什么联系。他们既是企业社会责任传播的互动对象，也是企业社会责任传播的潜在威胁（投诉，抱怨）。在社交媒体上，企业用户的关注者都是潜在公众。相比起利益相关者，这些主动关注企业的公众，在处理与企业的关系上更为自主，甚至可能借助第三方力量来维护自己的利益，譬如消费者维权组织。

总体而言，利益相关者理论的创新之处在于从一个更为广阔的社会视角和政治视角来考察企业，构成了公共传播的理论基础。利益相关者理论和公共传播的共同之处在于都强调企业的道德责任和经营效率，因此常常被当作同一个概念使用。但是，两者的区别也十分关键，利益相关者视角的研究侧重于利益相关者关系管理如何为企业获得竞争优势，而公共传播的研究则考察企业社会责任传播可以达成哪些公共目标，同时规避哪些企业风险。两者的异同提醒我们，传播学的互动研究取向对于解决社交媒体时代的企业社会责任问题更有优势。

Heath，Pearce & Shotter（2006）认为，与其说我们正处于信息时代，不如说我们所处的是一个对话的时代，因为对话的理念与今天互相依赖，紧密联系的社会环境有关。而对话这个概念常常被随意滥用，鲜有人思考对话到底指什么，应该怎么开展对话。有的对话强调对话赋予意义，达成新的共识（Bohm，2008），有的强调对话实现互相理解和共赢，而不是战略性的自我利益实现。有的强调愿意换位思考的开放态度（Burchell & Cook，2006）。

在传播学的研究中，对话是一种与单向传播相反的传播方式。单向传播拒绝承认存在平等的传播对象，因为平等的受者可以提供反馈并影响传者，而对话则承认传播中传者与受者的平等地位。劝服和宣传是典型的单向传播，单向传播的发起者看重的是传播对象的看法，权力的展示，施加自利的影响，以及打造理想的形象。Johannesen（1971）提出，单向传播可以伪装成对话，但是不能改变其自利的传播动机，单向传播将受者看作手段，传者只对满足传者的目标或与传者意见一致的受者反馈感兴趣。相反，对话式的传播主要关注如何满足传播对象的需要。因此，传者对受者的态度以及双方的关系至关重要。他进一步提出了对话式传播的六个关键特征：

1. 真诚。要求对话发起者开放，直接和诚实，表现出真实的自我形象，而不是只展示正面形象。

2. 准确的互相理解。愿意理解对方的观点，进一步将对方看作是搭档或者实在的人。

3. 无条件的积极关怀。即使双方观点相左，也愿意理解对方的观点。

4. 在场。双方都准备对话，愿意投入时间和精力，积极主动地参与对话。

5. 彼此平等的精神。对话双方必须将对方看作平等的人，而不是利用或操控的目的，不强加观念，不施加权力。

6. 支持的心理感受。参与对话的双方互相鼓励对方表达观点，寻求理解，而不做评判。

对话式传播的互动观被用来指导企业与利益相关者的互动，即“利益相关者对话”，指企业与利益相关者达成共识。这恰是实施企业社会责任公共传播的主要内容，也是所谓的“利益相关者参与战略”中的重要部分。在利益相关者对话中，利益相关者在“意义构建”上扮演了重要的角色（Morsing & Schultz，2006）。社会交往的过程就是在对话发起者的互动中构建意义的过程，旨在达成双方的共识。通过双方的对称传播，公共传播的能力取决于能否“将外部利益相关者关心的企业社会责任整合到对话中”。也就是说，利益相关者与企业共同创造传播信息。

据此理论逻辑，Foster & Jonker（2005）认为任何传播本质上都是行动导向的，即所有参与传播的主体都能够在收到具体事件的信息时以行动反应。哈贝马斯认为，传播行为既包括建设性对话，也包括合理的行动。因此，为了使行动建立在传播的基础上，理性讨论应该在哈贝马斯所说的三个世界——目标，社会和自我——发生，企业必须在内部以及组织界限之外参与对话过程，以赢得关键的利益相关者并获得理解和积极的改变。

企业社会责任的公共传播也是这样一种行动导向的传播，它关注的是通过与利益相关者进行传播活动来建立企业与社会的联系。因此，公共传播的基础就是辨识主要的利益相关者，了解其期望，并不断与其进行对话，使双方达成共识。

在实施企业社会责任的公共传播时，对话承担着重要角色。企业通过对话保证传播的透明度，对各种利益相关者的期望和要求做出回应，以实现正当性和获取信任。其中，结构性传播的透明度是获取信任的首要条件。北欧企业的个案研究说明，与社会合作伙伴建立深度互动，深化了企业对利益相关者关注点的了解，增加了信任水平，为企业社会责任决策打下了更好的基础，并最终强化了对企业行为正当性的感知（Morsing，2006）。

在实践中，一些类型的对话对形成企业社会责任战略非常重要。首先，一张结构性的表格可以帮助企业了解利益相关者的期望，并就此做出反应。其次，为了解利益相关者对企业社会责任战略和政策的态度，展开透明的对话是非常有价值的，在这样一种开放式的双向传播中，利益相关者不会对发起对话的人心存怀疑（Maon，Lindgreen & Swaen，2009）。

除此之外，有效的利益相关者对话的决定因素包括：文化背景、事件特征、利益相关者权力、管理层反应（O'Riordan & Fairbrass，2008）。Pedersen（2006）依据对话的类型，补充了另外四个决定因素。首先是对话意识。指对话参与者的知识水平及重视程度。其次是对话能力。是指企业能够投入对话的资源。再次，对话投入。指企业愿意赋予特定事件优先权和分配资源。最后是共识。即对话参与方对于事件和对话的相关性的感觉在多大程度上达成一致。即使参与双方存在利益冲突，对话还是可以进行的，共识是各个对话参与方和谐和对抗的产物。

在社交媒体海量的碎片化信息中，负面口碑具有穿透力。因此，通过对话的方式加深理解，从源头消除负面口碑，是基于公共传播的核心部分。然而，最核心的部分来自对一个特殊的利益相关者群体的管理。这个群体就是企业员工，员工的口碑比其他利益相关者具有更高的权威，同时也是企业公共化的根基所在。

三　企业社会责任传播的公共环境：社区治理

“员工是最重要的资产”是有识之士总结出的企业成功心得。员工是企业社会责任的主要承受者、重要传递者，也是其媒介环境的重要主体。企业行为只有首先让员工感动，才能进而感动市场、感动社会。

承担社会责任的企业首先应该对职工的就业保障负责，提供持久稳定的工作岗位。“9・11”后，美国多家航空公司倒闭，但西南航空公司持续盈利，就是因为这个企业自成立之日起从未裁过员，是企业对职工的责任造就了员工对企业的忠诚，帮助企业共同抵御了市场风险。

承担社会责任的企业还应该充分尊重职工的生命权、保障职工的健康权。严防安全生产事故，为职工提供安全、健康、卫生的工作条件和生活环境，保障职工职业健康，预防和减少职业病和其他疾病对职工的危害等相关内容，已被写入“社会责任国际标准（SA8000）”。国内一些企业因达不到相关社会责任标准而痛失出口订单才意识到，“社会责任国际标准”并非“中国制造”走向世界的贸易门槛，而是中国企业必须要迈上的责任台阶。

承担社会责任的企业更应该维护好职工合法的经济权益和民主权利。比如：建立工资正常增长机制，按时足额缴纳社会保险；消除就业歧视，加强职业教育培训，为职工创造更多的公平的职业发展机会；把企业的发展和职工的发展融为一体，让企业与职工共同进步。近年来正广泛开展的加强职代会制度建设，深化厂务公开，推进民主管理工作，应该有新要求、新标准。

IBM 的案例说明，有效分配员工资源是企业植根于社区、获得稳固经营环境的创新做法。不管是在亚太市场还是在非洲市场，IBM 往往在进入新市场之前就采取社会责任行动。在 IBM 总部设有企业社会责任的委员会，人力资源、财务、供应链管理等各个部门领导人都必须依循企业社会责任的共同准则，确认所有商业功能与企业社会责任是紧扣在一起的。

在资源的分配上，IBM 高度授权各个地区的员工去找出当地社区的需求。例如，非洲的重点在于教育改革与再投资，那么 IBM 员工会讨论如何组织在地的专家团提供义务服务。毕竟，每个市场的需求不同，也要根据企业的目标调整资源的分配。

做法上，IBM 倾向与在地社区建立深度的关系，而不只是捐钱。只是给钱（granting，也有捐赠的意思）并不能够深度建立与“人”的关系。关系的建立，对于企业社会责任传播来说是至关重要的。比起给钱，IBM 投入时间与精力，真切地了解本土问题以及可以提供什么帮助。IBM 于 2008 年启动企业服务队（Corporate Service Corps）计划，招募同仁加入全球志愿者服务的行列。参与的员工来自不同国家和部门，组成 8 至 12 人的小组前往新兴市场，并运用各自的专业参与当地和社会经济发展相关的公益项目。2010 年开始，IBM 在全球启动“智慧城市”项目，为一百个城市提供技术支持。澳大利亚希望 IBM 能够提供信息备份的解决方案，新北市希望借助科技提高城市安全。每当一个城市获选成为项目帮扶的目标，IBM 就派出来自世界各地的员工团队到当地，这些员工必须花三个月时间做行前准备，一个月的时间全心投入，提供结构性的咨询服务与知识。这种履行企业社会责任的做法，远比传统的捐钱来得复杂，而且挑战性更高，需要企业与员工高度投入。也就是，真正与在地社区结合，并且促进公共环境的改变。自然而然的，企业与学校、政府官员、在地社区建立深度关系，最终营造出“公共影响力”。

第三章　全球化背景下企业社会责任的公共传播

第一节　跨文化社区治理:跨国企业的社会责任传播

一　跨国企业的社会责任公共传播

随着对发展中经济体的依赖日益增加，企业社会责任也日渐普及。[①] 普遍认为，通过与全球经济中那些更具主导地位的经济体实现更紧密的结合，加上跨国企业积极推行企业社会责任项目和政策，发展中经济体的市场自由化最终将会实现人权和环境权利方面的改善。但是，跨国企业往往无法在发展中国家遵守自愿性的行为标准，还辩解自己的运营完全符合所在国的法律规定。事实上，为了吸引外资，发展中国家的政府不得不放宽在人权和环境保护方面的法律法规要求。例如，在斯里兰卡，由于纺织制

① 企业社会责任日益普及是因为发达国家的污染企业将工厂转移到欠发达国家而引发的全球性污染引起的。所以随着全球经济的发展，企业社会责任的问题也会日益增多。

造业的竞争压力不断增大，当地服装制造业正竭力游说政府增加工作时间。说到底，从盈利水平来说，大多数跨国企业对发展中国家整体工资水平低的现状感到庆幸。

因此，尽管跨国企业在发展中国家的企业社会责任传播中充当了先锋的角色。但这种先锋角色是基于经济发展水平的落差而自动赋予跨国企业的。某种意义上，这种先锋的角色反而成了跨国企业在发展中国家降低社会责任标准的保护伞。比如，有研究表明全球知名的汽车制造商戴姆勒在东道国履行企业社会责任具有国别差异，具体表现在教育支持、社区关怀和环境保护三个方面（张爱玲、邹素薇，2017）。这一发现表明除了当地的社会文化环境，决定跨国企业社会责任行为的主要因素仍是企业出口国的经济水平。经济发展程度较高的出口国，有关企业社会责任的法律法规比较成熟，对企业履行社会责任的要求范围更广，程度更深；经济发展程度较低的出口国，相关法律法规多是原则性规定，零散且可操作性低，对企业社会责任的要求通常流于表面和形式，对违法违规行为的惩戒乏力。经济较落后的出口国通常会通过提供各种优惠政策以吸引跨国公司投资，往往忽视了对跨国公司企业社会责任的要求，从而给跨国公司弱化自己在出口国的社会责任提供了便利。在此背景下，跨国公司的公益行动往往小型化和零散化。更为重要的是，发达国家民众接触企业社会责任教育的机会通常较多，公民意识和消费者权益意识较强，是促进和监督跨国公司履行企业社会责任的主体力量；在经济相对落后的国家，利益相关者之间缺乏利益制衡，不少企业出口国民众甚至对企业社会责任的概念闻所未闻，跨国公司因此可以躲避民众对企业履行社会责任的监督。

经济水平的差异也决定了跨国公司在不同国家进行企业社会

责任传播时的侧重点。比如，戴姆勒公司组织中国员工参与植树节活动、出资保护濒危物种大熊猫，但持续性较差。戴姆勒公司在京郊认养十亩防护林地，也没有进行后续跟进。与戴姆勒公司在美国的操作相比，其在中国未披露具体的环境保护模式或措施。

跨国公司通过社交化媒介平台传递信息，可以使目标人群与感兴趣的企业社会责任活动建立联系，并借此深入了解发起活动的公司，这为企业展示自我提供了一种互动的通路，跨国公司非常懂得利用多种社交媒体平台实现最佳资源配置。

比如，微软在年轻程序员培训管理方面是这样传递企业社会责任的。编码爱好者均可以自愿参与微软的培训项目，并在学习技术的同时用技术实现社交化、集群化，去帮助更多的人。这个科技巨头当然也致力于对第三世界国家的电脑爱好者进行培训，使之成为更精通电脑的人，同时形成一种具有社交意义的信息传递平台。这是一项既有意义又与公司业务具有相关性的事业。①

总的来说，在社交类媒介平台的宣传中，最重要的是需要透明化，透明的策略预示着公益项目本身可能会引发不断的讨论与分享。企业分享自己的故事，表达出企业想要对公共利益有所贡献的原因。要确保达成目的，企业可以从以下几个简单的步骤做起：

1. 用视觉信息传递更有效果。据美国声誉管理咨询公司“声誉研究所”的研究报告，超过90%的企业发现，消费者的认知与企业社会责任的传播不符。② 这些传播可以是各种形式，可以诉

① 案例内容来自微软公司官网，详见 https：//www. microsoft. com/en-us/corporate-responsibility/empowering-employees。

② RepTrak Company™是世界领先的声誉数据和洞察公司，成立于 2004 年。数据来源于：“Ultimate Reputation Guide”（2022－1－21），https：//ri. reptrak. com/ultimate-reputation-guide。

诸书面内容也可以只是简单的图像表达。视觉效果可以显著提升社交媒体宣传内容的互动性。使用图片或者引用名言对企业社会责任项目的使命进行陈述，以此来吸引志同道合者的注意不失为一种好的方法。

2. 借用他人的故事。某些人与你有同样的热情、相似的价值观和未来的愿景，激发他们表达并分享他们的故事。通过分享他人在企业所认定的社会责任领域内的经验，实现交流和协作。

3. 最好不要过度包装。确定企业想要解决的问题，明确地告知公众，并对这个问题进行阐释，提出问题的解决方案和实施方法。企业社会责任活动越透明，公众对项目活动的兴趣就会越大。不要害怕不同的声音，有讨论，甚至有争议，才会有更多的关注。例如，企业通过社交媒体跟踪公益活动，就能及时地把活动现场展示给公众，要是利用传统媒体，这些活动可能就不会受到关注。

4. 企业社会责任倡议活动使企业可以回馈社会乃至整个世界，改善人们的生活。无论从事何种项目，使用社交媒体都可以清晰明确地展示企业的努力，并逐步做出改变。

5. 注意使用社交媒体的国别差异。在发达国家，公民是监督企业行为的主要力量，因此跨国企业的社会责任公共传播的媒体策略向社交媒体倾斜。社交媒体不仅仅是企业信息的发布渠道，同时也是招募志愿者的窗口。而在发展中国家，企业的社交媒体战略则更倾向于与产品、服务相联系的公益营销，或产品信息沟通。以我国为例，与全球其他市场的消费者相比，中国的消费者更愿意尝试使用新技术，并借力技术获得议价能力。这些消费者非常善于使用社交媒体平台，与志同道合的消费者形成一个圈子，这在发达市场几乎不太可能。企业必须要对这样的线上活动的影响力有足够的敏感性，因为线上交流，既可能成就一个品牌，也可能毁掉一个品牌。

从根本上讲，尽管跨国企业有能力在全球范围执行一致的企业社会责任传播。但是出于成本、管理和文化的原因，跨国企业的社会责任公共传播还是会采取因国而异的策略。出口国经济的发展程度高，法律法规健全，社会监督有力，公众和员工素质较高，跨国公司就不得不提高自身的公共贡献；反之跨国公司的企业社会责任会弱化。

二 跨国组织的社会责任策略

在欧洲和美国，企业社会责任运动的发起者和法律学者已经开始关注跨国的企业法律结构。目前在西方的法律体系中，企业对其股东负主要责任，虽然其公益行为并不一定被禁止，但利润最大化才是企业的准则。因此，企业实际上都会选择把经济效益置于社会效益之上。尽管少数注重社会效益的企业，像公平贸易（Fair Trade）企业已经走出了一条不一样的路子，但远没有在市场中占据主导地位。不过，它们的成功经验正在被讨论以提出新的制度模式，再推广到更大规模的由股东持有股份的企业。

荷兰企业社会责任平台（MVO Platform）是一个荷兰公民社会组织联盟。[①] 在英国，一个由企业责任联盟（CORE）[②] 支持组

① MVO 平台是活跃于负责任商业行为领域的荷兰民间社会组织和交易联盟。平台成立于 2002 年，旨在改善和加强民间社会组织之间的合作，并在政治舞台上发出共同的声音。主要通过影响政府政策来鼓励负责任的企业行为，同时让不负责任的公司承担后果。网站：https：//www. mvoplatform. nl。

② 全称 Curriculum Open-access Resources in Economics，经济学课程开放资源。组织愿景是，通过改革经济学教育促进一个更加公正、可持续和民主的世界，在这个世界中，新经济学赋予未来公民就“如何最好地解决紧迫的社会问题?”开展学习和辩论的能力。紧迫的社会问题包括气候变化、不公正、创新和工作的未来。

建的包括130个非政府组织（NGO）的联盟，已经向英国议会提交了审议事项，支持修改英国公司法，确保企业经理负有多项责任。不仅是对他们的股东，也是对其他利益相关方，包括社区、雇员以及环境的责任。在他们的建议里，要求企业对任何涉及其他利益相关方的消极影响都要斟酌、应对、缓解并报告。

而在美国，企业20/20（Corporation 20/20）——由商业道德（Business Ethics）和Tellus研究所共同发起的倡议，已经提出了一系列新的原则：他们把社会责任奉为从企业建立起就应该遵守的神圣的准则，而不是可有可无的一次性补充。这些原则的制定者包括法律学者、活动家、企业、工会和新闻媒体，虽然这些原则的细节还在完善，但最终可能影响法律，激励那些更有能力应对诸如贫困、气候变化或生物多样性的企业。公正和民主的价值会成为社会企业部门的支柱，比单纯的追逐利润要重要；而且，尽管企业在私营领域会继续追逐利润，但也不能对社会造成损失。

当然，让这些理想化的设计被大规模采纳还有很长的一段路要走，即便是企业社会责任运动已经取得政府和公众的信任，并把我们带入一种虚假的安全感中。企业社会责任有可能给市场带来一些改变，但只有市场还不能带来企业社会责任支持者所希望的进展。《经济学家》的论证认为企业社会责任只能是一种公关策略，但它却没能认识到企业制度本身可能才是问题的核心所在。为了避免企业社会责任会变成一种安慰剂，全球性的组织通过制定更高标准的企业社会责任框架来平衡全球化所带来的国家间政府制度差异，以及跨国企业的国别差异压力。

很多专门针对企业社会责任的国际指引和标准逐渐建立起来。当中包括《经济合作与发展组织（OECD）跨国企业准则》

(2000 年修订版)，以及国际劳工组织的《关于跨国企业和社会政策之原则三方宣言（1977)》。联合国促进和保护人权小组委员会所制定的《跨国企业和其他工商企业在人权方面的责任准则(2003)》，根据政府在有关方面的现行责任，阐明了企业的责任。现将经合组织、联合国全球盟约等全球性组织有关企业社会责任的框架概括如下。

（一）跨国企业准则：以经济合作与发展组织为例

为确保跨国企业的行为与当地政策及社会期望吻合，OECD（经济合作与发展组织）于 1976 年发表国际投资与跨国企业宣言后，历经 1982 年、1984 年及 1991 年的修订，终于 2000 年 6 月完成了《跨国企业准则》。该指导纲领是符合相关法律规范的自发性商业行为及标准，且不受法律强制约束，在跨国企业经营上扮演的角色日渐重要，已成为各国政府对跨国企业营运行为的建议条例。2007 年的 G8 高峰会中，各国领袖们肯定《跨国企业准则》，并强调企业社会责任的重要性。

《跨国企业准则》的主要目标是希望跨国企业的营运目标能与政府政策一致，加强企业与其营运所处社区间的互信基础，并协助改善外国投资环境以及强化跨国企业对可持续发展的贡献。《跨国企业准则》有 10 项指导原则，包括：

1. 观念与原则（concepts and principles)。指导纲领是各国政府对跨国企业营运行为的共同建议，除遵守投资当地之法律外，政府也应鼓励企业在考量各投资环境的差异下，自愿将该纲领的原则与标准运用于全球运营中。遵守纲领的各国政府不应假借指导纲领之名，行保护主义之实，还应鼓励中小型企业在最大的可能范围内遵守指导纲领的建议条例，并运用适当的国际争端解决机制来解决企业与所在国间产生的法律问题。

2. 一般政策（general policies）。企业应采取行动致力于经济、社会及环境的进步，以实现可持续发展、尊重受企业业务活动影响的人权、通过与当地社区的密切合作以提升居民的素质及生活品质、借由创造就业及员工训练来塑造人力资本、避免在法规架构未明之前寻求或接受环境、健康、安全、劳动、税收，或财务诱因等议题上的豁免、支持并运用公司治理原则、发展有效的管理制度，以培养企业与当地社区间的互信，并适当宣传公司政策。此外，禁止企业因员工就违反法律或指导纲领之处，向主管机关提出善意建议，而对其采取歧视或处分。同时鼓励企业伙伴践行符合指导纲领的公司行为，以及回避参与不当政治活动等。

3. 发布（disclosure）。企业应定期公开可靠的信息，包括业务活动、主要股东持股及表决权、公司财务状况及营运绩效、公司宗旨、董事会成员及 CEO 的报酬、预期重大风险因素、治理结构与政策，以及相关社会、环境、员工与利益相关者等议题的信息。

4. 就业及劳资关系（employment and industrial relations）。企业应遵守劳动基本原则与权利，包括结社自由、集体协商权、废止童工、消除各种形式的强迫或强制劳动、消除雇用与就业歧视、提供工会代表必要的设施与信息、促进雇主与员工及工会代表间的协商与合作、采用的就业与劳资标准不应低于所在国标准、确保员工的职业健康与安全、尊重工会代表就作业条件行使协商或组织工会的权力，以及以合理方式通知对员工造成重大影响的运营变动。

5. 环境（environment）。企业应重视营运活动对环境可能造成的影响，并在其营运所在国家的法律规章架构下，配合相关国际协议来保护环境，致力于可持续发展。此外，企业应建立适合的环境管理制度、提供其活动对环境造成影响的充分信息、不以缺乏充分科学依据为理由，拖延可减少损害的评估措施、保有紧急应变计划、不断追求环保绩效、在卫生安全方面为员工提供足够的教育训练，以及致力发展对环境重要且具经济效益的公共政策。

6. 打击贿赂（combating bribery）。企业应借由强化反贿赂的透明程度、确保代理人报酬是适当的，且仅收受提供合法服务的酬劳、传达公司反贿赂的政策、举办训练课程、鼓励与公众对话来增进自身对反贿的认知、采取反贪腐的管控系统、防止设立秘密账户，以及不通过非法政治捐献等行为来消弭行贿或受贿。

7. 消费者权益（ consumer interests）。为尊重消费者权益，提供安全与高品质的商品及服务，企业应确保其商品或服务符合双方协议或法律规定的健康及安全标准、提供消费者有关商品的信息、提供透明且有效的消费者申诉程序、不做欺骗或误导的声明、尊重消费者隐私及个人资料保护，以及与主管机关合作，消除该企业产品对公众健康或安全的重大威胁。

8. 科技（science and technology）。企业应确保其活动符合当地科技政策与规定、在符合商业宗旨的情况下，与当地大学或研究机构合作并参与研究规划，以及在不损害知识产权、竞争等前提下，扩散其科技成果，以提升所在国的经济发展与科技创新能力。

9. 竞争（competition）。企业应在相关法令架构下，以具竞争力的方式展开业务活动，避免违反竞争的行为与态度，包括固定价格、操纵投标（围标）、限制产量或配额，以及以分配顾客、供应商、营运区域或商业种类等方式分享或分割市场；企业亦应促使员工了解遵守竞争法规与政策的重要性。

10. 税收（taxation）。企业应适时履行纳税义务，为所在国财政尽一份心力，并遵守其营运所在国的法律规章，以及尽力依照法律规章及精神行事。

目前 OECD 最为重视 5 大企业社会责任议题，包括企业治理、教育、管理工具、环境导向的研究与发展，以及与社会福利机构的合作。同时 OECD 也联合国际劳工组织（International Labour Organization，简称 ILO），针对国际上的企业社会责任工具及标准进行汇总，使潜在使用者对企业社会责任有进一步的了解。

（二）联合国全球盟约

为了给致力于可持续发展与企业社会责任的企业提供一个实用的政策架构及平台，联合国于 2000 年 7 月提出了联合国全球盟约（UN Global Compact，UNGC）。联合国全球盟约是一种仰赖透明、负责的“自发性”倡议，旨在弥补法规的不足并提供创新的机会。联合国全球盟约以《世界人权宣言》、国际劳工组织的《工作基本原则及权利宣言》，以及联合国的《反贪腐公约》为基础，结合了联合国的道德约束力、召集力，以及私人部门的专业与解决问题能力，使得联合国全球盟约成为横跨全球与地方、公共部门与私有部门的全球盟约。目前盟约已有超过 6200 个参与者，涵盖了 4700 家企业以及 120 个国家。

联合国全球盟约主要涉及 4 大议题（人权、劳工、环境、反贪腐），囊括 10 项原则，其主要目的是：一方面使 10 项原则在全球商业活动之中贯彻执行；另一方面是加速联合国目标的实现。通过鼓励盟约参与者间的信息交流与对话、合作与经验分享，联合国全球盟约达到最大成效。这 10 项原则分别为：1. 企业应支持人权保护；2. 企业应确保未涉及人权侵害；3. 企业应支持工会组织并承认劳工协商之权利；4. 消弭各种形式之强迫劳动；5. 确实废止雇佣童工；6. 消除就业及职业歧视；7. 企业应支持环境预防措施；8. 倡议肩负更多的环境责任；9. 鼓励发展并散播环保科技；10. 企业应反对各种形式的贪腐。

联合国全球盟约与联合国妇女发展基金（United Nations Development Fund for Women；UNIFEM）于 2009 年 3 月合办“提升女性在全球市场的地位”研讨会，讨论是否需要新增一项“女性原则”（Women’s Principles），由推动性别平等的商业行为准则，鼓励企业更加积极促进女性地位；议题包括“女性原则”的价值与潜能、如何推动“女性原则”运作，以及企业在落实“女性原则”时所需的协助。

除此之外，全球报告倡议组织（GRI）是一个旨在推广可持续性发展报告的，由世界范围内各种利益相关者组成，与联合国环境项目中心合作的网络组织。① 其制定的 G4 标准被视为最规范的企业社会责任标准体系，世界 500 强企业大都依据该组织的标准体系制作年度的企业社会责任报告。他们认为企业的经济责任是：组织对利益相关者的经济条件的影响，及对当地、国家、全球三个层面的经济系统的影响（GRI，2006）。这一定义从全球化的视野出发，指出企业承担的经济责任不仅仅局限于企业组织自身，还包括地区、国家以及国际社会的经济责任。这样，企业的经济责任就不再是纯粹的经济责任，而是通过经济能力来履行社会责任。

---

① Global Reporting Initiative，全球报告倡议组织。作为独立的国际组织帮助企业和其他组织对其社会影响承担责任。该组织贡献了世界上使用最广泛的可持续发展报告标准——GRI 标准。GRI 秘书处总部位于荷兰阿姆斯特丹，在全球七个区域中心设有分部：分别是约翰内斯堡（非洲）、新加坡（东盟）、圣保罗（巴西）、香港（大中华区）、波哥大（西班牙裔美洲）、纽约（北美）和新德里（南亚）。

每一个跨国组织在全球化的社交媒体上都建立了自己的业务网络。以联合国全球盟约为例，它旗下的每个项目都设有单独的推特账号，每个国家的分部组织也有自己的推特账号。联合国全球盟约的这些组织账号与其他相关的组织账号、相关项目的参与人、关注者之间形成了紧密的互动网络。跨国组织的边界因而被无限拓展，其传播的企业社会责任主题也在各种活动中被不断诠释。以跨国组织为中心，向外扩散的企业社会责任传播试图在不同国家、不同人群之间普及企业社会责任的有关知识，并在调和文化差异上作出努力，取得关于企业社会责任的共识。

第二节　领跑者案例:福利制度国家丹麦

荷兰、丹麦与其他斯堪的纳维亚国家都属于具有普遍社会模式的市场经济福利国家（Mogensen，2010）。市场经济福利国家拥有广泛的私有财产权利（丹麦在传统基金会 2014 年经济自由度指数中排名世界第十），其目标是在提高市场交易效率的同时强调重新分配，以便促进社会福祉。借由累进税制，丹麦在各个领域（经济，政治等）强调平等。据世界银行 2015 年的数据，丹麦的基尼系数为 28. 2，世界排名 144，同年中国的基尼系数是 38. 6，世界排名 68 位。

与邻国德国和瑞典相比，除了农业、水产养殖业以及少量石油，丹麦（不包括格陵兰的独立部门）自然资源很少，尤其是大型工业企业不多。中小企业占雇员总数和营收额的一半以上。一方面，丹麦社会存在着一种浓厚的“政治共识文化”，这是由 20 世纪占主导政治地位的社会民主主义者创造的。这种文化使得雇主组织被强迫适应工人的要求，更关注工人的权利、薪水等。另一方面，政府为企业减轻了医疗保健，养老金等服务。这属于“通用福利模型”的一部分。工会，雇主组织和财政部之间的“三方谈判”对于丹麦劳动力市场的惯例变更至关重要。了解丹麦的企业社会责任，必须理解这种特定语境。

早在2005年，TNS盖洛普（TNS Gallup）对丹麦中小型企业的社会责任参与进行了广泛的调查。首先丹麦四分之三的中小企业已经开展了与劳动力相关的企业社会责任活动，包括确保安全和健康的工作环境；其次是环境保护活动（TNS Gallup，2005）。这两个主题是丹麦企业社会责任议程的重中之重。其中，包容性劳动力市场的思想侧重于在劳动力中纳入边缘化群体，包括宗教少数群体，残疾人等，为企业社会责任领域最重要的主题之一。

包括我国在内的大多数发展中国家处于企业社会责任传播制度化的初级阶段，面临着不符合国际报告标准、缺乏跟踪企业社会责任信息的专门知识的两大挑战。而已有企业社会责任传播研究在研究背景上局限于英美等发达资本主义国家，缺乏对福利制度国家和发展中国家的企业进行比较（Sakarya，et. al.，2012）。丹麦是全球首批将企业社会责任传播纳入公共政策体系（强制企业每年发布企业社会责任报告）的国家，且丹麦政府在2008年、2012年两度发布企业社会责任行动计划。本书试图基于企业社会责任传播制度化对丹麦政府的全球/国内治理能力产生的公共影响，以具体的企业案例阐明丹麦政府利用制度杠杆动员全国企业参与企业社会责任报告的机制，包括：企业社会责任报告制度化中企业治理、社会治理与政府治理交融互补，创新公共治理模式的具体表现与过程，为其他国家实现经济、环境和社会平衡地可持续发展提供理论依据。

一　为企业参与全球治理背书：丹麦的强制报告制度

如前所述，丹麦是一个完全现代化的市场经济体，但福利制度又带有浓厚的社会主义色彩，一般收入者的个人所得税率超过百分之五十。与发达的市场经济体不同的是，丹麦市场上的商品以本地品牌为主，丹麦人非常支持本国的产品。不同的经济体制决定了该国在企业经营管理和企业社会责任传播上分别具有突出的特点。

丹麦经济商务部（The Ministry of Economic and Business Affairs）于2008年10月向国会提交《丹麦财务报告法修正案：大型商业组织的社会责任报告》，并通过了立法程序。该修正案是丹麦政府拟订"企业社会责任行动方案"计划的主要行动之一，行动方案的内容包括：（1）针对1000家大型企业、法人投资机构和国营企业，提出发布企业社会责任信息的法定要求；（2）以联合国的全球盟约为基础，有系统地将企业社会责任的考量纳入政府采购政策中；（3）透过丹麦的驻外代表对企业提供企业社会责任的咨询服务等等，共计30项措施。

丹麦政府强调，将会采用联合国全球盟约所发展出来的"以原则为本（principle based）的企业社会责任架构。"此一法案将企业社会责任界定为：商业组织自愿地将对人权、社会、环境及气候情形，以及对抗贪腐的考量纳入其商业策略和公司活动中。本项法案的立法目标是希望让丹麦能成为国际知名的"责任型成长"（responsible growth）国家，法案中强调丹麦企业所实施的企业社会责任措施，应该要奠基于国际普遍接受的参考架构。此目标符合该国"企业社会责任行动方案"的基本构想：发展一种“国际取向的企业社会责任”（the international approach to CSR）。

该法同时对大型商业组织附加必须发布其企业社会责任信息的要求，但该法并未规定必须采取何种具体的企业社会责任政策或行为，商业组织可选择是否以及如何将上述考量整合到其商业策略和活动之中。另外，信息发布要求亦未规定该法所涵盖的商业组织有义务去拟定社会责任政策，同时也未要求实施社会责任的方法。

按该法说明，大型商业组织必须发布的企业社会责任信息有：（1）商业组织对社会责任的政策，包含该组织所使用的任何社会责任的标准、准则或原则；（2）商业组织用以落实其社会责任政策的方法，包含任何该方面的制度和程序；（3）商业组织在会计年度内所达成的社会责任成果评估，以及对未来成果的期待。商业组织可选择在《管理考核报告》内提交这些信息，或者将其作为财务年报的附加声明。同时，也可以在企业网站公布。该法同时表示，凡签署联合国全球盟约或责任投资原则并提交进度报告的大型商业组织，可免于此法案所要求的社会责任信息发布义务，但须在《管理考核报告》中陈述，并说明公众可公开取得该进度报告的地方。

自从2008年丹麦国会要求国内前1000家企业在年报中报告企业社会责任后，丹麦的企业社会责任报告在数量上有了大幅增长，然而调查显示，这些报告在内容上差强人意，许多企业的报告集中在环境保护上，对人文关怀、企业供应链等敏感问题缺乏关照（DanWatch，2011）。

企业社会责任报告的强制法案说明，丹麦政治经济体系下的企业社会责任传播既追求市场经济的效率，同时强调企业的公共影响，具有鲜明的特色。2013 年 2 月 2 日，美国《经济学人》杂志发表文章《北欧国家：下一个超级榜样》[①]，号召其余国家学习北欧的福利制度，特别指出丹麦的“灵活保障（flexicurities）”为企业员工就业及培训提供了便利。尽管员工福利是企业社会责任传播中调节企业与员工关系的一项重要内容，但是福利制度对于企业社会责任的公共传播的影响远不止如此。

二　基于员工的社会治理：企业社会责任的“低调”操守

丹麦是企业社会责任领域的一朵奇葩。Morsing，Schultz，Nielsen（2008）的研究发现：尽管人们对于企业社会责任活动持积极态度，丹麦人对于企业的企业社会责任传播却格外怀疑。从 Matten & Moon（2007）的研究可以一窥这种怀疑的原因。美国文化下的企业有向社会进行慈善捐助的传统，因此企业已经形成了一套明确的企业社会责任政策和传播方法。被称为“高调的企业社会责任”。而在欧洲的文化背景下，企业参与公益植根于国家体系，欧洲企业没有形成明确的传播企业社会责任策略，可称其为“低调的企业社会责任”。

在丹麦，一方面，传播社会责任的企业十分受尊重；另一方面，大部分的丹麦人希望企业最好不对外传播他们承担的社会责任，或者以不那么高调的方式传播。善待员工对获得良好声誉非常重要。

丹麦大型企业的企业社会责任开展对外传播的三个步骤是：由内而外的（企业内部）传播——面向专家的传播——背书（面向大众）的传播。

---

① 原文标题“The Nordic Countries：The Next Super model”。

1. 由内而外的传播过程

在实践中，由内而外的企业社会责任传播方式有两层含义。第一，在对外传播企业社会责任活动之前，企业首先应该将他们的企业社会责任传播建立在员工认同的基础上。第二，如声誉调查机构的研究所示，企业应该传播那些与员工相关的企业社会责任活动。这两点都与员工紧密联系，且有着一定程度的交叉。从里至外的企业社会责任活动意味着，企业社会责任活动中的关键利益相关者首先是员工，而要点在于员工自始至终参与其中。反过来，员工受益后支持企业社会责任活动的运作。

如果员工感到企业社会责任活动只是管理层的口头承诺，就会产生强烈的怀疑——长此以往也会在丹麦大众中引起怀疑。丹麦企业鼓励在企业社会责任项目中形成一种积极参与的组织文化。企业和公众都认为：员工既是企业社会责任活动的对象，也是积极执行企业社会责任活动的主体。

2. 面向专家的传播过程

这类传播直接面对那些已经知晓企业社会责任相关事宜的专家，他们同时也是对企业贡献于哪一方面的公益感兴趣的利益相关人。

3. 背书的传播过程

由第三方专家或年报等较为低调的形式进行的传播，关键在于避免被丹麦的大众和顾客认为是组织的自夸和自利。信息必须是可考证的，而不是基于政治经济权力建立起来的大众传媒“花言巧语”的意见培养。

低调或高调的两难挑战或许也是其他福利国家的企业所要面对的，就像在丹麦，尽管公众期望低调的企业社会责任传播，企业却走向了更为高调的企业社会责任。这种趋势或许是欧洲企业社会责任传播战略的美国化（Beckmann，Morsing，& Reisch，2006）。

而丹麦的另两位学者（Nielsen & Thomsenn，2009）对大型企业社会责任的传播模式是否适用于中小企业提出了质疑，并就丹麦中小企业进行企业社会责任传播的现状进行了考察，结果发现：丹麦中小企业的企业社会责任活动已经反映在丹麦商业企业局主持的人民与利益工程中（TNS Gallup，2005），在这种背景下，企业社会责任的含义是：在企业经营与环境互动中，考虑其对社会和自然环境的影响的志愿活动。中小企业理解的企业社会责任是个人怎么融入社会和当地的社区，员工被看作独特的个体而不是组织的人力资本。管理者渴望创造一种自信的工作氛围让员工感到自在和安全，尤其是在请病假等情况发生时。

丹麦地区的特殊情况影响了管理者使用公益营销和公关工具的方式，他们都不太做自我宣传。因为他们无法将善待员工等企业社会责任囊括到自夸的传播活动中。一位管理者说道："把正确对待员工用于促销太过了，因为我们一直对员工很好。"清楚地表明了他们的社会责任传播是非战略的，也不会进行企业整合传播。

这种非正式的、草率的、凭直觉的企业社会责任传播方式使得中小企业在维护组织内部以及当地社区的人际关系网络上颇具潜力，然而，将这种精神更多地、战略性地运用到广泛的企业传播和利益相关者主导的企业战略中也可能增强中小企业的运营潜力和竞争力，尤其当市场环境越来越复杂、竞争更加激烈的时候。受到经济全球化的影响，中小企业的企业社会责任传播有可能发生改变。

在丹麦的中小企业中，企业社会责任被认为是一种经营方式，而没有真正地植根于企业的全盘战略。企业社会责任似乎是管理者的个人价值观，以及遵守道德责任的心态，他们需要在拟定传播计划上更加投入，同时保留在企业内部和当地社区环境所表现出来的真实的、人性化的热情。

2012 年 11 月，丹麦政府为企业社会责任制度补充了问责性制度并被纳入法律。其焦点是设立“调解和申诉机构 Mediation and Grievance Institution”（MGI）。由政府任命的主席和共同主席加上分别代表工业、劳工和民间社会的三名成员组成的 MGI 的目的是“确保涉及违反负责任的商业行为、侵犯人权的商业行为和案件被举报、记录和发布。”其中对企业唯一的威慑力就是发布：除非有关各方能够根据诉求自行解决争端，否则就将调解努力和调解的结果公布于众。它以对企业可信度和透明度的程序性关注来补充经济优先偏差。纠正“利用企业社会责任创造商业机会，而不解决社会问题”的现象。

借由制度群推进，丹麦政府的企业社会责任制度趋于系统化，丹麦劳动部、商务部、社会事务部等多政府部门联合提供制度配套、协同各自的社会协作机构已经形成了软性制度群。软性制度群一方面体现为政府利用包括补贴、荣誉、企业社会责任标准化等在内的资源杠杆促成更广泛的社会协作；另一方面体现为政府利用公开批评来惩罚那些不负责任的行为。相较而言，前者的建设投入更多。而后者则加大了企业不负责任要付出的成本。

总而言之，丹麦是典型的政府行动主义型企业社会责任。政府行动是一种思想的行动，它形成了与企业社会责任有关的特定知识。通过以企业为中介进行全球治理、社会治理。在政府相关、社会相关和商业相关的外部因素影响下，“软性法律”产生了一系列社会联动效应。不同于监管的奖惩制度，软性法律是通过政府主导完成社会建构式的价值再分配。企业在自愿的基础上，通过参与立法和集体谈判协议，参与合作。

多年来，丹麦政府一直明确承诺不使用监管手段来鼓励企业社会责任。但其主导的政治话语一直将企业社会责任置于经济政策的首要议程。通过企业社会责任传播的制度化和中介化弥合“宏观—中观—微观”的社会联结。

三　案例分析：诺和诺德的数字公益经验

诺和诺德制药有限公司由世界上两家最早生产胰岛素的企业 Novo 与 Nordisk 在 1989 年合并而成，其中 Nordisk 的创始人 August Krogh 是哥本哈根大学的教授，曾于 1920 年获得诺贝尔生理学与医学奖。他在 1922 年前往美国耶鲁大学讲学途中听说了加拿大科学家 Banting 研制出胰岛素的消息，然后将这一配方带回北欧并研制生产。而 Novo 的创始人 Pedersen 兄弟在成立自己的企业前为 Nordisk 制作生产设备。今天的诺和诺德继承了创始人科学研究的传统，不断升级解决糖尿病、血友病等难题的医药配方，企业社会责任活动也紧紧围绕着服务患者展开。人文关怀和技术创新使诺和诺德成为国际上企业社会责任传播的典范。

1994 年，诺和诺德发布第一份环境报告。成为丹麦第一家，也是世界上最早一批发布环境报告的企业。1999 年诺和诺德发布第一份社会报告。2001 年，诺和诺德成立世界糖尿病基金，帮助改善发展中国家的糖尿病医疗条件。2002 年，诺和诺德签署联合国全球影响力文件，旨在改善企业在人权、劳动力、环境和反腐方面的表现。企业承诺从经济，环境和社会责任三方面展开经营。2006 年，诺和诺德成为第十个加入世界野生动物基金（WWF）拯救气候倡议项目的企业，承诺在 2014 年实现碳排放比 2004 年减少 10%。诺和诺德同样是全球报告倡议组织 GRI 的成员。"@NovoNordiskTBL"是诺和诺德在推特上的企业社会责任账号，其推特标签为"诺和诺德传播企业可持续发展的官方微博"，注册时间是 2011 年。该企业推特的管理人员常常以个人身份与粉丝展开互动，谈论度假、球赛等个人生活。其推特内容围绕着糖尿病以及企业社会责任展开。通过分析该账号发布的内容，有助于我们了解如何将企业社会责任的专门知识转化为传播的操作变量。

（一）第三方背书：善用社交网站功能

首先，诺和诺德的企业推特通过发布大量企业动态展示企业的国际影响力，包括参与世界级的糖尿病研究学术会议，联合国可持续发展大会，第三方媒体报道。

其次，企业推特通过讲述病人的真实故事，唤起社会对糖尿病人生活的关心。企业非常善于制作宣传视频，通过推特的网页链接功能传播给其他用户。

最后，诺和诺德旗下所有的企业社会责任项目只针对一类利益相关者，即患者。根据患者年龄和爱好的不同，形成了很多有特色的子项目。比如 2011 年的"racing with insulin"项目是诺和诺德赞助一名方程式赛车手 Charlie Kimball。这名车手本身是一名Ⅰ型糖尿病患者，也是诺和诺德制药公司产品的消费者。通过该子项目，诺和诺德向所有糖尿病患者展示了一个积极面对病情、正常生活的鼓舞人心的患者案例，无形中传达了企业对患者的人文关怀，同时树立起患者对企业产品的信心，更不用提赛车运动爱好者的支持。这一项目显示了诺和诺德制药公司在企业社会责任传播上独到的战略眼光。企业推特@ NovoNordiskTBL 还时常转发世界各地患者分享心情和治疗经验的内容，成为病患之间分享信息的渠道，全方位展示了企业立足全球的实力和行业领先的专业水平。

在使用社交媒体功能上，企业推特非常善于用网页链接来引述第三方对企业的评价。网页链接的使用频率达到了 43%。在发布的网页链接中，诺和诺德的官方网站和第三方媒体对诺和诺德的企业社会责任行为的报道是主要导向，第三方消息的来源非常广泛，有：

①专门报道企业社会责任的媒体，CSR wire

http：//amansinghcsr. sharedby. co/share/x6OOR7.

②独立评估机构，Verdantix

http：//www. verdantix. com/index. cfm/papers/Products. Details/product _ id/405/sustainability-provides-healthy-results-for-novo-nordisk/-.

③受援助地区媒体，肯尼亚英文媒体《东非新闻》

http：//www. theeastafrican. co. ke/magazine/Diabetic + children + to + get + free + insulin/-/434746/1491526/-/p6e4t6/-/index. html.

④职业组织，ScienceCareer

http：//sciencecareers. sciencemag. org/career_ magazine/previous_ issues/articles/2012_ 09_ 21/science. opms. r1200125.

⑤学者，Michael E. Porter

http：//www. forbes. com/sites/danschawbel/2012/10/09/michael-e-porter-on-why-companies-must-address-social-issues/.

第三方消息来源的独立性和背书效果使得企业社会责任传播增加了客观和公开的元素，多种第三方来源的佐证及表扬信息为企业营造了一个感知世界中的良好外部氛围，这种好感是企业获得正当性的来源。

诺和诺德的企业推特转发的消息来源以组织用户为主，这些组织的特点是有政府背景或职业背景的专业组织，如：丹麦商业发展部及丹麦贸易委员会@ danishresponsiblility，企业社会责任联合平台@ justmeans，经合组织社会部@ OECD_ Social，以及国际糖尿病患者联合会@ IntDiabetesFed 等。与前述分析一致，利用权威消息来源的光环效应，诺和诺德在治疗糖尿病领域和企业社会责任传播方面的领先地位得到彰显。紧紧围绕着企业社会责任和糖尿病患者关爱的转发内容则再次突出了诺和诺德将企业业务统合于企业可持续发展战略下的清晰定位，同样强化了企业社会责任传播的信息一致性。

（二）精选内容主题：品牌战略的延伸

诺和诺德的企业推特的发帖内容分为三类：首先是第三方认可的企业社会责任成就，包括：获奖信息、媒体报道。其次是企业参与或组织的公益活动，如：加入世界公益组织、为病患组织的公益活动：type1rider Ⅰ型糖尿病患者自行车队。最后是企业的最新业务动态，以企业核心业务的进展塑造不断进取的形象。这些业务进展包括：产品研发成果，企业业务的全球拓展。

诺和诺德的企业推特发布的数字公益内容围绕着企业的行为展开，企业可持续发展战略的三重底线（经济，环境，社会责任）在传播中得到了统一。当然，由于医药行业的特殊性，诺和诺德的业务行为尤其是药品研发带有浓厚的提升公共卫生服务水平的公益色彩，这种天然的优势是其他行业难以企及的。诺和诺德有意识地围绕行业优势展开公益活动，自然地将公益与产品、企业联结在一起，使公益成为品牌的一部分。

同时，通过展示企业参加各种世界性的公益组织以及糖尿病研究组织，诺和诺德巧妙地在企业社会责任传播中维护企业在专业领域的领导地位，打造品牌的强势地位，打击竞争对手。比如发帖提及主要竞争对手美国礼来制药公司仍在追赶诺和诺德的制药技术，战略意图明显。

诺和诺德的社会责任传播强调企业在治疗糖尿病这一领域中所扮演的先锋角色，倾向于通过传播将企业行动与价值观整合起来。诺和诺德制药公司以致力于解决人类健康难题的公益价值来诠释企业研发和售卖特殊药品的业务活动，将企业经营活动转化为实现人类可持续发展的一部分。使公众感到，企业的业务就是公共利益，对于企业的目标受众（糖尿病患者）来说，这一公共利益同样是患者私人的利益，更加没有理由拒绝购买企业的产品。从价值传递的精准度和强度来说，企业推特传递的“可持续发展”的核心价值观既向目标受众展示了企业创造价值的实力，又表达了企业与目标受众进行价值共享的使命感，在感知上建立起企业与目标受众的利益共同体。社会责任已然成为其品牌标签。

（三）文本修辞策略：传递情感与关怀

诺和诺德的企业推特讨论最多的情感是“care”（关爱），“health”（健康）。它所传达的关爱与产品消费者联系在一起，并通过传播专家预防糖尿病的观点给予公众健康警示。除此之外，诺和诺德还常常提及对妇女和儿童的特殊关怀。

诺和诺德的企业推特非常善于通过动词来表现诺和诺德制药公司是治愈患者的强大动力。如：“See how Novo Nordisk is *empowering* children with type 1 #diabetes in Africa.（请看诺和诺德如何给予非洲的Ⅰ型糖尿病儿童患者生存的力量）”，“Check out video on HERO study-aiming to *improve* outcomes in #haemophilia.（点击查看致力于改善血友病治疗效果的英雄研究项目”）。善于引述第三方机构的正面评价来证实诺和诺德制药公司履行责任担当的出色表现。此外，报告企业参与国际组织活动（RIO + 20 联合国可持续发展会议，ISPAD 国际少儿糖尿病协会），与其他组织建立合作关系（保险公司；公益组织），展示企业的公益社会网络，利用“公益社交”对象的背书凸显企业在公益领域的领跑地位，将企业责任融入“生命”和“人类生存与发展”的宏大叙事中。企业推特试图在概念上将企业业务领域的“health”（健康）等同于“sustainability（可持续发展）”，刻意模糊了药品实验、化学污染等制药企业可能遭到批评的经营行为。在如何解决企业经营可能带来的负面影响上，企业推特倾向采取避而不谈的策略。

（四）转危为安：维持公共对话

诺和诺德的企业推特十分善于通过社交媒体进行负面口碑管理。比如，用户“Marc Fishman”投诉，在他需要帮助的时候，诺和诺德的客户服务表现得非常糟糕，并表示以后再也不购买诺和诺德旗下的产品。企业推特及时给出了回应，“@ marc_ fishman Sorry to hear，Mark. Could you provide some details to pass on?（很抱歉，能告诉我具体情况吗?)”首先向投诉者道歉，然后进一步询问情况。此后，该用户再也没有发表投诉。应用个性化的对话式传播，企业推特成功地安抚了投诉者以及社交媒体上的“旁观者”，解决了企业面临的形象危机。

总体而言，诺和诺德的企业推特借助企业社会责任开展公共传播的重点在于：将社会责任项目与企业的销售运营、企业发展战略紧密结合，甚至于很难区分。比如，HERO 研究是诺和诺德制药公司针对血友病患者的社会责任项目，通过展示血友病病人的生活和医疗条件来促进公众对血友病的了解。同时，该项目也是企业研发更好的血友病产品，并进行产品营销的渠道之一。借助精心设计的社会责任项目，企业得以在进行企业社会责任传播的同时促成产品推广。两者通过传播互相结合，双方的界限逐渐模糊，使受众将企业业务活动也感知为企业的公益行为，从而对企业的公益贡献产生夸大的认知。在情感表达上，诺和诺德的企业推特善于用具体患者的个案来表达企业的人文情怀，“公益型业务”策略使推特用户对企业业务产生了更为直接的好感。

企业推特呈现了诺和诺德制药公司的业务追求与公益追求的统一。诺和诺德的悠久历史及其在行业内长久以来的领先地位更是为其企业社会责任传播提供了强有力的支持。其优势在于行业地位带来的社会资本以及“公益业务”的定位。以诺和诺德制药公司在糖尿病治疗领域的领跑者形象，其社会责任传播获得国际公益组织和专业组织的关注是轻而易举的事情。但是诺和诺德并不满足于已有的行业地位，而是试图赋予业务活动以公益意义，为企业获得长治久安的公共资本。

如前所述，通过展示企业业务对于人类生存的意义，以及企业与各种外部组织建立的庞大社会关系网络，诺和诺德的公共传播使公众感到企业的业务活动是在强烈的道德驱使下开展的，治病救人是企业存在的意义。这种天然的、浓厚的使命感将诺和诺德制药公司塑造成了人类命运的拯救者，在社交媒体上获得了较高的公众信任。由此可见，诺和诺德制药公司的企业社会责任传播策略完全承袭了麦克·波特等管理学者的理论逻辑，即将企业业务与企业社会责任传播结合得越完美，企业越能获得竞争优势。

同时，诺和诺德的案例也展示了北欧传统。现在人们提到企业社会责任就调侃企业拯救世界，但是真正的企业社会责任是从小事做起的。诺和诺德的企业传播副总裁 Mike Rulis 认为：如果员工感受不到企业对他们的社会责任，就会对企业失去信赖。连员工都不信赖的企业，如何在其他利益相关者面前树立值得信赖的形象?[①] 所以该公司的企业社会责任战略以组织内部的小事为基础，如改善工作环境，允许病假，制定宽松的饮酒政策等。同样是企业管理层发出的声音，丹麦案例却体现出与追求声誉、销量的美式企业社会责任完全不同的另类逻辑。

① 摘自 Mike Rulis 个人网站：https：//mikerulis. com/。

第四章　中国语境下企业社会责任的公共传播：以企业微博为例

我国的社会主义市场经济体制正趋于完善，政府试图通过实验来回答政企分开，平衡调控与自由等重要问题。主导我国政治伦理的儒家思想有许多承担社会责任的内容（Warner & Zhu，2002）。“诚信”作为一种自我修养的方法，历来皆被看作儒家“学以致圣”的法门。个人一旦感到自己做到了“诚信”，便油然产生一种道德自我完善的满足感，所谓“反身而诚，乐莫大焉”[①]。这种诚信观强调自律，早在封建社会就广泛传播（刘海鸥，2004）。

然而，企业社会责任传播在我国大规模出现却是进入 21 世纪以后的事，2008 年的汶川地震捐助活动掀起了企业社会责任传播的高潮。同时，随着一系列政策的推行，企业社会责任机制也被引入市场体系之内，2006 年 9 月，深圳证券交易所发布了“上市公司社会责任指引”，鼓励上市公司引入社会责任机制并形成社

① 原文“万物皆备于我矣。反身而诚，乐莫大焉。强恕而行，求仁莫近焉。”见《孟子·尽心上》。徐宏兴《〈孟子〉选评》，上海古籍出版社 2011 年版，第 21 页。

会责任报告。2008 年 5 月 13 日，上海证券交易所发布《关于加强上市公司社会责任承担工作的通知》，提出了“每股社会贡献值”概念。2008 年，国资委发布《关于中央企业履行社会责任的指导意见》，要求央企在承担社会责任上起模范带头作用，并提出了企业社会责任的原则和履行办法。[①] 政府的呼吁促使越来越多的企业关注社会责任。

在全球化的时代，企业社会责任超越了单个公司或单个国家的范畴，必须放在企业全球化的过程中，地方社会、文化和经济之间的互动和协商中来思考（Stohl，Stohl & Townsley，2007）。由于中国企业越来越多地参与全球市场的竞争，其商业行为越来越受到国际产业标准的约束。当下，中国企业社会责任的状况是由企业、政府、NGO 和中国社会的其他利益相关人之间的复杂互动，以及国内外的制度压力共同决定的。多数企业对企业社会责任的捐赠和赞助往往是不规律、基于特殊事件的，因而缺乏战略目标和长期设想（Lu & Li，2009）。

在我国，企业社会责任传播可以被看作一项特殊的培养关系的战略（Hung，2004）。这种关系的培养是双重的。在社会层面，它聚焦中国商业文化的社会因素，在情感和道德的影响下企业会强化与家乡的联系；同时在政治层面，处理政府事务及公众舆论的需求促使企业采取一定的行动，适应中国政治体制下的媒介和主流文化（Gao，2006）。企业参与社会责任传播是含蓄但直接地回应社会和政治的“要求”，是企业在社会和政治两个层面与国家开展公共关系的特殊工具。

---

① 该指导意见包括：充分认识中央企业履行社会责任的重要意义；中央企业履行社会责任的指导思想、总体要求和基本原则；中央企业履行社会责任的主要内容；中央企业履行社会责任的主要措施四个方面共 20 条内容。

在中国，那些在政府、媒体和公众前有较高曝光率的企业会面临更多的制度压力，从而在公益捐赠中表现更积极。研究表明，在2008年汶川地震捐款中，大型企业与国有企业比其他企业捐的更多（Gao，2011）。坊间认为，由于中国媒体，尤其是互联网的广泛覆盖和主导地位，媒体在企业社会责任传播中扮演了重要的角色。不论观点真实还是虚伪，媒介平台都营造了深远的影响，公众对于特定企业的负面认知有可能源自某些不负责的言论。媒介的突出作用使得公众成为企业参与社会责任传播的又一驱动力。

中国企业社会责任的研究聚焦政府和NGO如何影响企业社会责任，企业如何定义和操作社会责任，很少关注作为重要利益相关者的消费者（Wu，2007）。研究发现，企业是否直接面对消费者是企业社会责任传播的重要决定因素。Whelan（2007）指出：考察亚洲国家的企业社会责任实践要通过儒家的视角，即从家庭和友情的纽带、尊敬老者的社会关系考查。

至于要理解全球化背景下的中国企业社会责任，首先要看到中国跨国公司在全球的快速崛起。最为显著的表现是《财富》世界500强名单中的中国企业的数量持续增长，2021年达到143家。近年来，中国企业积极的国际化品牌战略凸显了其企业社会责任实践的全球价值，也引起西方国家的质疑：中国企业的经济实力是否与社会责任相匹配？已有研究比较了中国跨国企业与欧美跨国企业的社会责任报告，认为中国跨国企业的社会责任具有灵活应对各种同构压力的政治能力，甚至可以达到西方最高的企业社会责任报告水平（Ervits，2021）。但是，中国企业社会责任传播具有鲜明的文化特征，比如在企业社会责任报告中表达爱国情绪。此外，消费者正在通过社交媒体对企业施加更大的压力

(Chu, Chen, & Gan, 2020)。由于查看企业社会责任报告的公众只有少数人，企业有必要补充企业社会责任的普及版本与大众渠道。企业的数字公益策略因应发生改变。接下来，我们对三个典型企业在微博上与消费者沟通的案例展开分析，理解企业社会责任在中国的多样态公共传播模式。

第一节　情感营销主导的数字公益：国有企业案例

服务“国计民生”是国有企业天然的社会责任光环，但这一宏大主题很难在市场中将国有企业与其他企业区别开来。在某些国有企业占据优势的行业中，消费者认知与国有企业实际的社会贡献之间往往存在巨大差距。为了缩小这一差距，国有企业有必要借助企业社会责任强化与消费者的沟通。同时，亦可把企业社会责任理念当作先进的管理经验来改造企业的管理体系、提升企业的管理水平。

以中粮集团有限公司（以下简称“中粮集团”）为例。该企业的历史最早可以追溯到1949年2月成立的华北对外贸易公司，20世纪50年代有多个隶属中央贸易部的子公司，业务涉及粮、油、副食品等领域，也是我国最早从事进出口业务的食品公司。2007年，在原有中国粮油食品（集团）有限公司的基础上成立了中粮集团有限公司。旗下著名品牌产品包括：福临门食用油、长城葡萄酒、金帝巧克力、屯河番茄制品、家佳康肉制品、香雪面粉、五谷道场方便面、悦活果汁、蒙牛乳制品、大悦城 Shopping Mall、亚龙湾度假区、雪莲羊绒、中茶茶叶、金融保险等。2021

年，中粮集团营业收入超 6600 亿元，利润总额超 230 亿元。[①] 在食品行业竞争日益激烈，企业利润摊薄的背景下，食品企业也在寻找差异化的可能性，这对传播企业社会责任产生了积极的影响。除了“便利”、“健康”、“健身”以及“优质和快乐”等食品企业的主打社会责任趋势，“可持续性、自然和纯真”的主题也越来越重要。例如：强调“原产地”的价值最初是有机食品产业发展的基础。近年来，这一主题逐渐由可持续发展或企业社会责任取代，因为利益相关者对食品企业承担食品安全和生态责任的期望日益突出。随着食品安全成为当前中国突出社会问题之一，中粮集团提出打造全产业链的定位，向消费者保证管理好从粮食到食品的全过程。

中粮集团从 2009 年开始发布年度企业社会责任报告，这一时间节点恰好在国资委颁布《关于中央企业履行社会责任的指导意见》的第二年（比第一个发布企业社会责任报告的央企国家电网公司晚了 5 年[②]）。说明制度压力是该企业发布社会责任报告的直接动力。此外，将全球标准与本土运营实际相结合是大多数国有企业制定社会责任目标的变通法则。中粮集团根据全球报告倡议组织可持续报告指南 GRI4.0，基于集团自身的发展战略和责任管理模型，同时结合利益相关方对中粮集团承担企业社会责任的理解与期待，共识别出实质性议题 27 项。尤其是“订单农业”的经营模式推动了本土农业的规模化经营和现代化经营，帮助农民降低成本、抵抗风险、增加收入。

---

① 钛媒体《中粮集团 2021 年营业收入超 6600 亿元，利润总额超 230 亿元》，2022 年 1 月 13 日，http：//www.tmtpost.com/nictation/5982742.html，2020 年 2 月 4 日。

② 搜狐新闻：《国家电网公司发布企业社会责任报告　央企首次》，2006 年 3 月 11 日，http：//news.sohu.com/20060311/n242239261.shtml，2022 年 1 月 25 日。

在企业社会责任报告之外，中粮集团 2010 年 7 月 12 日在新浪微博注册企业社会责任传播账号“@ 中粮美好生活”，属于较早注册新浪微博的企业社会责任账号，目前已有一万四千余条微博内容。[①] 但该账号曾有过长达半年停发微博的历史纪录，从侧面反映出企业在执行企业社会责任互动上缺乏连续性。

一　情感营销主导的数字公益路径

研究表明，食品消费者的情感需求占主导地位，其中食品的价值观、外形、可信度及其体现的优越感和健康程度是影响消费者决策的主要因素。[②] 同时，作为直接面对大规模消费者的大众行业，企业通过社会责任提高议价能力的空间是有限的。因此，将微博用户视为企业社会责任的服务对象，利用微博平台免费的数字工具唤起、维系消费者对食品品牌的情感是一种性价比高的情感营销路径。

（一）善用图片的情感传递功能

中粮集团的企业社会责任微博账号为“@ 中粮美好生活”，其内容的配图比率接近 100%，图片颜色鲜艳明快。最常见的图片是美食和卡通形象（见图 6）。

美食图片不仅能勾起人的食欲，更重要地在于激发满足食欲的行动，从而为单纯欣赏图片带来情感补偿。即便不能激发行动，借由展示高品质的食物也能引发受众对高品质生活的向往，为受众带来情感的升华。而卡通图片用一种可爱化的形象召唤受

---

① 新浪微博数据，截至 2022 年 1 月 27 日。

② Webb，D. J. & Mohr，L. A，“A Typology of Consumer Responses to Cause-related Marketing：From Skeptics to Socially Concerned”，*Journal of Public Policy and Marketing*，1999，17（2）：226 – 238.

图6　中粮美好生活的配图微博文案示例

众代入情境想象。因此，数字媒体平台的图片发布可以实现情感的流动、补偿和升华，是情感营销的重要工具。

（二）巧用链接获取公众反馈

中粮的企业微博通过插入链接设置反馈的通道。常见的形式有投票链接，如："#营养科学院#【2022 最佳饮食榜单出炉，谁是榜首？】"，展示网络投票结果。以及抽奖活动链接（如#中粮陪你过春节#），刺激转发和关注行为的增长。另外，发布短视频平台的链接也可收集用户的点赞与评论。数据显示，这些微博内容获得用户反馈的数量可能很少，但是可以确保受众与企业处于同一个文化社区之中，实现传播实践的延续性，因而是维系企业与公众情感的必需品。

（三）嵌入网络流行文化召唤青年的情感共鸣

CNNIC（2013）《2012 年中国网民社交网站应用研究报告》显示，社交网站用户中 20—29 岁用户占比最高，达到 34.1%，其次为 10—19 岁用户。这两个年龄段人群在社交网站用户中所占比例达到 62.9%，显示出 10—30 岁网民对社交网站的使用率明显高于其他年龄段网民。另据新浪公司、北京大学市场与媒介研究中心、第一象限科技有限公司三方合作完成的《2012 年新浪微博用户发展调查报告》显示，20 世纪 80 年代出生的人占到了新浪微博用户群的 92%。因此，中粮企业微博的语言形式活泼，常常使用网络流行语言迎合大部分青少年微博用户的心理。比如："元芳，你怎么看?""你懂得!"

同时，针对青年用户旺盛的交流欲望，中粮企业微博一直维持较高的回复评论比率，平均每发一条主贴都有 2 条回复，这部分解释了该账号拥有高忠诚度粉丝的原因。鉴于在微博平台上，企业用户和粉丝用户的张力体现在双方如何达成一致，企业用户与粉丝之间主要在追寻共识的目标下开展对话。例如：企业在面对质疑时主动询问粉丝情况，然后根据粉丝用户的陈述与意愿解决问题。对话式传播得以进行的系列必要条件是：①粉丝对话的兴趣——②粉丝表达意见（问题）——③企业进一步征求粉丝意见——④粉丝指明方向（建议）——⑤双方生成一致的解决方案。

（四）发掘日常细节的情感升华

饮食是生活中的日常，既是满足一切人文主义理想的基本条件，又是重复的规律性行动，所以更加需要赋予其不平凡的意义才能凸显饱足之外广袤的情感价值空间。中粮企业微博牢牢守住饮食这一主题，在文本中非常注意整合情感营销的科学性和艺术性。比如：

1. 顺应时节的饮食建议，提倡科学饮食。（1）在早餐时间说明饮食的健康禁忌。“谨记这10种食物不能空腹吃”。（2）针对具体症状推荐对应的保健食品。“每天一把葡萄干，对抗手脚冰凉”。（3）转发权威信息源的相关内容。“【感冒了哪些该吃哪些不能吃】感冒了，这些最好别吃：①甜食；②高盐食物；③粗纤维食物；④太辣的食物；⑤浓茶浓咖啡。适当多吃：①清淡的汤粥；②清蒸的鸡和鱼；③萝卜；④洋葱和大蒜；⑤蜂蜜…别再光叫人喝热水啦！天干，注意身体，做一个远离流感的人哦～ Via：人民日报”

2. 暗示饮食的情感疗愈效果。例如：（1）推荐治愈心情的食品疗法：“忽然好想吃颜色鲜艳的甜食，因为这可以缓解周一焦虑症～”；“心情不好的时候吃个甜甜圈，然后告诉自己——今天的日子又是甜的！”（2）用食物笑话抚慰减肥的焦虑情绪。“不是不想减肥，只是敌人太强大，既然这样，今天再吃一次夜宵吧～～”。通过直指“心情”的诉求，将食物的酸甜苦辣对应情绪的起伏高低，基于通感的修辞使话语带上了人际传播的共情色彩，充满了亲昵和温馨。

3. 基于饮食文化共识的民族情感沟通。正如中粮企业微博的文字所言：“吃，不仅是种享受，更是一种生活态度。”饮食文化是中华文明的重要组成部分，渗透着中国人的价值观和文化认同，可以说饮食文化本身就代表着民族情感。因此，中粮企业微博常常通过推广饮食文化来强化民族情感，从而在企业文化与公众的民族自豪感之间建立宏大的价值链接，模糊其他潜在价值冲突。相关内容包括：食物与礼仪（酒杯与酒如何搭配，优雅吃面的姿势），食物与地域文化（中国各地美食），食物与亲情（家常菜的制作），食物与超脱的人生态度（旅途中的美食，自己动手制作食物）。

4. 基于人情往来习俗的情感互动。作为国字号的快速消费品企业，中粮集团的数字公益也非常具有本土特色，中国文化的精髓“人情”是对情感营销的最好注解。通过每日表达对“吃”的关怀，来影响人们吃什么，怎么吃的选择。例如：（1）“吃回忆”。“即将过去的这一年，城市的每一个角落里，每时每刻都在上演着各种酸甜苦辣。年终岁尾，让我们细细咀嚼，慢慢回味属于自己的故事。”该活动契合了年终岁末的氛围，用“回味”附和公众将回忆一同吃下，自然也少不了与企业微博有关的回忆。（2）“友情营销”引流。通过一系列“吃”的建议，中粮企业微博实际上扮演了利益相关者的生活顾问，建立起其他微博用户对企业微博不可或缺的情感依赖，从而影响他们在购买食品时的决策。谁会拒绝尝试“朋友”生产的产品呢？中粮企业微博在前述建构食物的情感附加价值的基础上，潜移默化地植入产品促销。比如：

> #粮式早安# 早安，今天是#元宵节# 各位粮粉安排上元宵了吗？
>
> #COFCO 风尚#红小豆自古以来就属滋补食材，因此很多滋补食谱和药膳里都有它的存在。如今，【中粮悠采有机红小豆】也一直都受宠于女性消费圈，不仅用于滋补，做减肥食品也很不错呢～@中粮我买网[①]。

在数字公益的传播行动领域，企业赢得信任的方式是对利益

---

① 中粮我买网是中粮集团自有的网络销售平台。

相关者保持必要的信息透明度。与此同时，企业也有必要避免利益相关者的信息过载，将信息主题集中于目标受众认为最重要的事实上。如企业微博将食物相关的内容与积极的情感化修辞相结合，实现激活受众认知的信息条件。通过“事实+正面价值”的组合将企业与利益相关者的情感交流维持在一个频繁而平和的范畴之中，利用社交媒体的拟人化表达树立企业真挚、贴心、诚实的品牌形象，从而实现企业获得积极情感响应的公益目的。

二　企业内部治理的对外呈现

企业社会责任作为同时解决经济、生态和社会挑战的一揽子治理计划，必须与企业的核心业务合并成为商业案例，才会获得成功。单一的社会责任计划或活动可以推动短期的变化，但不会导致持久的可持续发展方案，必然导致企业陷入“持续承担责任”或“选择承担另一个责任”的两难境地。从长期来看，那些前后矛盾、牵强附会的杂糅型企业社会责任计划是不会成功的，因为没有持续投入就无法产生规模经济效应。

情感营销为中粮集团在新浪微博平台上赢得了用户的信任，同时中粮集团也应该意识到：忽视产品质量的情感营销绝不是长久之计，谁会相信一个把有问题的食品送到你餐桌上的“朋友”呢？因此，中粮集团必须同时展示切实的公益行动，以及达成的企业治理的成效。持续的情感沟通为传递企业社会责任的治理信息做了良好的软铺垫，当企业呈现内部治理和社会治理两种成果的硬信息时更容易被利益相关者接受。

（一）善用标签“#”凸显企业治理的责任主题

中粮企业微博发布的每一条内容都有相应的标签进行主题管理。例如：#美味研究室#主要发布菜谱，并插入链接导向中粮集团官方网站的“美味人生”栏目，体现了企业社会责任传播利用多平台促进传播效果。其他标签的内容主题还有#粮式早安#，#晒空碗#，#COFCO 风尚#，#生活札记#，#美食美刻#等。从食物的生命意义、时节价值来探讨食物的附加价值，实现产品价值的差异定位，汇入物质丰裕时代消费者的意义追寻之旅。事实上，撇开具体的行业属性和企业经营状况的差别，任何企业社会责任的主题都是“人为价值”的凸显，或者说大众价值观的胜利。这种胜利将精神价值烘托为乌托邦的哲学理想，以便帮助大众鼓起日常生活中稀缺的追求理想的勇气，其作用接近于宣传为大众所提供的精神价值。因此，企业文化的价值陈述也倾向于被大众理解为“鼓舞公共精神”从而认可企业承担了社会责任。

（二）强调原产地凸显企业治理的品质保障

中粮企业微博通过描述生产基地的天然环境、传统的制作工艺、全程溯源的质量监控体系，表明企业解决了食品安全问题，保证产品的天然健康。如：

“#COFCO 风尚#【中粮屯河小罐番茄汁】新鲜的番茄原料均来自内蒙古自有番茄种植基地，有机种植期间严控农残/重金属等各项指标，更多茄红素让身体活力翻倍～@中粮屯河番茄美食汇”

“#粮游记#德国的 Arla 爱氏晨曦作为世界第六大乳制品公司，拥有超过 130 年乳制品生产经验，因倡导“接近自然”的品牌理念，一直深受丹麦皇室青睐，并持续为其提供天然美味的乳制品。Arla 爱氏晨曦有机全脂牛奶【中粮海外直采】实现从餐桌追溯到农场，保证每一滴奶源的自然纯正，开盖就能闻到奶香味～@中粮我买网”

原产地信息凸显了企业对产业链上下游进行垂直整合的能力，通过展示企业对产品生产的全程监控为产品品质加分。在食品行业中，产业价值链的垂直一体化趋势是明显的，而且似乎在进一步增加。“原产地”等同于有质量保障的产品，成为可持续性食品的名片。

（三）展示企业治理的业务水平

企业社会责任作为一套挖掘产品价值的方法，既是实现产品差异化的战略，一定程度上也保障了产品的定价优势。只有将“可持续”的价值纳入企业哲学才能成功，由此企业内部执行基于社会责任理念的管理措施尤为重要。比如：将购买一定比例的符合有机生产标准的产品作为采购部门的业务要求，并以此作为评价与奖励员工的依据。类似措施能够强化员工履行社会责任的“意志”（见图7）。

中粮美好生活
2017-9-7 来自 微博 weibo.com
#粮游记#一颗美到心里的腰果，【中粮海外直采】Snack House零食屋焗腰果，严选越南原产高品质W320腰果，源头把控，品质保证。由@中粮我买网 采购人员根据地域特色，置顶商品采购标准和采购计划，由指定供应商在中粮我买网的主导和全程监督下完成的采购过程。漫长的时光孕育出好腰果，定不辜负您的美食拾荒之路。
网页链接 收起

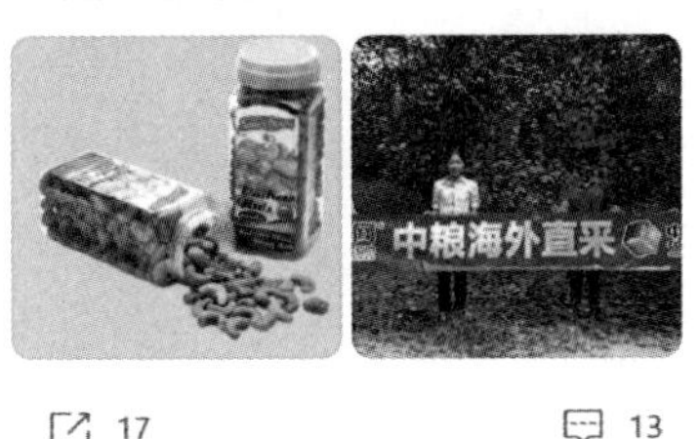

17　13　13

图7　@中粮美好生活展示企业采购的可持续标准

（四）基于第三方背书的企业治理成效

在企业治理措施得以执行的同时，有必要将企业治理作为一种可识别的社会责任价值向公众传达，其挑战在于使利益相关者认可企业履行社会承诺的决心。即，以一致的品牌形象令人信服地整合企业方方面面的可持续性承诺，而不招致质疑。因此，企业还需提供明确的成果证明，以及保障信息公开。经过展示客观的证书、标签、排名或测试确保了企业社会责任的信誉，从而确保了上述企业治理战略的效果。例如：用国家级奖项来佐证产品的科技含量，以及企业回馈更宏大国家目标的实际行动。

> “#连线中粮#在 2016 年国家科学技术奖励会上，中粮酒业长城葡萄酒获得国家科学技术进步二等奖，这是长城葡萄酒继 1987 年、2005 年两度得奖后，再次捧得该奖项，成为中国葡萄酒界唯一三度获此殊荣的企业。获奖项目‘我国酿酒葡萄种植体系’在中粮华夏长城的深度参与下完成，将实际促进我国葡萄酒产业的布局和发展。”

此外，中粮企业微博频繁发起抽奖活动，公布获奖名单。这种即时回馈行为也可视为企业信誉的背书。其中，部分有奖投票活动有针对性地调查了利益相关者对于企业产品的态度，如“投票给您最喜欢的中粮产品”，“投票给你最感兴趣的酿红酒的事情”，等等。通过有奖投票活动获得公众对于产品设计以及市场战略的建议，表达了企业的透明和公开的态度，有利于公众对企业产生信任。

三　案例小结

消费者期望食品企业履行社会责任，主要监督企业如何不断提高其产品的可持续性价值。随着食品行业生产标准的提高，企业可能不得不将可持续性纳入未来的企业战略。为了获得社会责任传播的成功，企业必须能够理解和控制他们的生态、社会和（非）经济绩效。与此相关的商业挑战在于，将生态价值已被明确证明、消费者可以信任的食品推向市场，同时保证企业自身的经济可持续性。

作为国有企业的中粮集团积极在数字公益传播中对于“可持续性”概念展开战略操作。即嫁接中国人情社会的交流法则、国家利益的宏大叙事，实际从文化上对企业社会责任这一舶来品进行本土化改良，从而在本土市场获得真正的竞争优势。正如中粮集团的案例所展示的，未来食品企业在传播社会责任时应考虑到“可持续发展产品”这一复杂概念所体现的行业趋势，以抓住增长机会，同时减少潜在的风险。捐赠的传统不足以传达企业实现可持续性的能力，而需要相当创新的解决方案以及创新的整体概念。

第二节　经营跨文化社区：外资企业案例

目前履行企业社会责任的方式主要有三种：专项企业社会责任、战略企业社会责任、商业道德。而外资企业和中国企业在实践中表现出明显的综合趋势。中国企业渐渐采用了西方社会责任的模式，而西方公司也开始采用中国独特的概念来重新规划他们在中国的企业社会责任原则和实践。其中，不直接面对消费者的中国能源产业公司（如：油气煤电），原材料产业企业（如：钢铁）更倾向于采用实践商业道德的企业社会责任方式，将履行企业社会责任归为伦理、法治的范畴。而以消费者为目标的中资和外资企业都倾向采用专项公益或战略公益的企业社会责任方式，其中外资企业更喜欢强调产品安全，并通过企业制度和与政府合作来实践企业社会责任，并将企业社会责任作为全球化的实践（Tang & Li，2009）

但是，即使同在中国，外资企业和本土企业进行企业社会责任传播的方式也大不一样。首先是传播内容的区别，外资企业更倾向将产品安全作为企业社会责任实践的一部分。而在传播渠道上，外资企业更喜欢与政府合作报道，将此作为在中国社会获得正当性的一个标志。此外，外资公司更喜欢通过正式条款将企业社会责任工作制度化，表明外资企业倾向于将企业社会责任纳入他们公司运营的一部分，而不是看作某种额外的、间或参与的慈善活动。

以美资企业戴尔公司为例。该公司于 1984 年在美国德克萨斯大学奥斯丁校区成立，创始人 Michael Dell 当时是一名大一新生。从企业成立至 1995 年的 10 年间，戴尔公司作为个人电脑制造商完成了企业上市的过程。1996 年开始进军亚太市场，并在网络服务器领域开展业务。戴尔进入中国市场的标志是于 1998 年 8 月建设了位于福建厦门的“中国客户中心”（CCC，Chinese Customer Center）。21 世纪初期，戴尔公司借助网络销售实现了全球市场占有率最高的个人电脑销售商的地位。今天的戴尔以技术服务提供商的全新定位将配套硬件与技术支持打包销售，为个人和组织提供定制服务。

戴尔公司从 1998 年开始发布年度社会责任报告。目前是全球报告倡议组织（Global Report Initiative，GRI）的项目成员，这意味着其提交的企业社会责任报告必须严格按照该组织拟定的可持续发展报告的标准撰写，包括说明企业在环境、供应链、员工、社区、企业自治上做出的改善。戴尔的企业社会责任报告质量曾被 GRI 评为 A 级。

目前，戴尔公司的全球社会责任项目“Dell Powering The Possible”（筑梦成真）项目利用戴尔的技术解决方案和资源为欠发达社区带来积极的变化。该项目包含“戴尔学习”、“儿童癌症治疗”、“社会创新”和“灾害援助”等领域。在中国，该项目的实施主要表现为：高校合作伙伴项目，小学 Scratch 教学小组项目，以及与华西第二附属医院建立的儿童癌症治疗项目。2021 年，戴尔更是蝉联了“全球最佳雇主”（该榜单从形象、人才发展、性别平等和社会责任等方面对企业进行评级）。此外，亦有“戴尔青少年互联创未来”（Dell Youth Connect）项目帮助中国落后地区青少年的计算机技术教育。

戴尔公司的新浪微博企业社会责任账号“@戴尔公益”于 2011 年 12 月 17 日注册，2015 年 4 月 23 日停更，仅保留戴尔企业微博“@戴尔中国”。停更之前，企业微博“@戴尔公益”通过微博平台搭建了一个交流企业社会责任的跨文化社区，可视为在中国践行数字公益的典型外企用户。

一　基于跨文化传播能力的数字公益路径

跨文化传播的三个工具是：（1）语言。遣词造句；（2）媒介。包括口头的、书面的、听觉的、电子的交流媒介；（3）行为。用语言来宣示某种正式或非正式的权力、地位，以及说明行动的方式、结果，也包括非语言交流。

与中粮相比，戴尔的企业微博的语言风格更为多元。除了借鉴中国企业的情感表达，使用活泼、轻松的语言风格以及网络流行词汇。如#天天正能量#的“心理按摩”（见图 8）。还有针对职场人士的赋能内容#职能量#，既为粉丝提供学习资料也展示出戴尔重视员工成长的企业文化。

戴尔公益

2015-2-14 来自 微博 weibo.com

#天天正能量#马云有一句口头禅：“你们立刻、现在、马上去做！立刻！现在！马上！”可以看出，马云之所以成功，不在于他有一个天才的头脑，不在于他有一个恢弘的远大理想，而在于他不断将头脑里的东西落实出来，执行出来，做出来，这才是真正的高效战法。

1　评论　赞

戴尔公益

2015-2-15 来自 微博 weibo.com

#职能量#【成大事的手段】1.敢于决断(克服犹豫不定的习性)2.挑战弱点(彻底改变自己缺陷)3.突破困境(从失败中撮成功的资本)4.抓住机遇(善于选择、创造)5.发挥强项(做自己擅长的事情)6.调整心态(切让情绪伤害自己)7.立即行动(只说不做，徒劳无益)8.善于交往(巧用人力资源)。

1　评论　1

图 8　@戴尔公益的#天天正能量#及#职能量#微博帖子

而【公益创意赏析】突出体现了戴尔的跨语言交流能力。首先将企业社会责任与“公益”等同，贴合中文的表达习惯。其次，此类内容呼应公益主题，通过解读公益广告作品，凸显公益项目的诉求和意义，拓展了“公益”的价值空间，使得西方的“社会责任”与中国的“公益”更好地产生意义连接，也宣示企业在公益方面的投入与专业。

戴尔公益

2015-2-13 来自 微博 weibo.com

【公益创意赏析】地铁公益海报：不要当门神、不要把包放在座位上、主动留让座位、电话小声低语……不错，公共场合的文明礼貌也是必不可少的，它不仅能帮助他人，更是自我素养的体现，很赞的一组公益创意，不是吗？

5　评论　4

图 9　@戴尔公益的【公益创意赏析】微博帖子

与国企案例中粮集团的企业社会责任传播相比，戴尔的企业微博较少谈到与企业业务有关的信息。与其说这是因为外资企业不熟悉中国文化，不如说外企在谨慎地树立跨国形象，因为本土居民对外国企业的道德形象更为挑剔。

在媒介工具的使用上，戴尔的企业微博常使用链接和转发功能。最终导向第三方媒体或发起互动。如："母亲节：爱要说出来！"向粉丝征集母亲节祝福语。最常转发中国重要媒体的微博"@人民日报"的内容，借以表明对中国主流文化的认同，获得粉丝用户的认可。

关于公益行动的跨文化表达围绕着企业社会责任项目"筑梦成真"展开。该项目承载着戴尔公司的社会责任的核心价值，其历史可以追溯到 2009 年。"戴尔筑梦成真"青少年教育项目是由戴尔中国与中国青少年发展基金会共同启动的年度公益项目。执行要点是：向全国各地的农村小学捐赠电脑设备，提供 Scratch 编程教程并成立对应的戴尔学习站"scratch 小组"，向落后地区的儿童教授计算机编程知识。这一企业社会责任项目精心结合了戴尔的业务优势与解决中国数字鸿沟的现实方案，并为戴尔抢占教育类 PC 市场做了重要背书。截至 2021 年，戴尔已在全国成立了 396 个学习中心，捐赠了 1.9 亿元人民币，有超过 40 万名中小学生从中获益，这些都是戴尔在教育扶贫领域的切实举措。[①]

每个戴尔资助的 Scratch 小组都注册了自己的微博账号（如：@厦门云顶学校 Scratch 小组，@成都市马家河小学 Scratch 小组等），由此企业微博能够转发来自不同地点 Scratch 小组的消息（包括现场图片），展示其学习环境以及小学生们的学习成果，间接核实戴尔的社会责任投入。此外，企业微博的行动还体现在：（1）转发员工个人微博发表的员工公益活动。员工个人的公益行动表明公益战略不仅仅是企业应对外部市场压力的生存需要，同时是企业文化和精神内核的一部分。证明企业社会责任传播是从由内而外的、言行一致的传播，从而降低公众对企业的怀疑。（2）转发其他公益机构的公益求助信息。主要来自与戴尔企业微博互相关注的公益机构用户或公益活动家。如：@垃圾学院，@北京红十字志愿者，@陕西公益之声，这些组织和个人是企业社会责任传播的合作者。转发他们的公益信息，既为企业赢得了关键利益相关者的社会支持，也向其他微博用户展示了企业对公益领域的广泛参与。

在关闭企业社会责任的专属微博账号后，戴尔中国更广泛地通过权威媒体或政府部门展示企业社会责任的行动理念和行动效果。例如：2016 年 3 月，戴尔大中华区总裁黄陈宏在接受人民网《财经 1 +1》专访，表示“尽到企业社会责任会感到欣慰”。[②] 戴

① 参见第一财经《戴尔：科技回馈社会，公益践行责任》，2021 年 12 月 9 日，https：//baijiahao. baidu. com/s? id = 1719586531472382753&wfr = spider&for = pc，2022 年 1 月 29 日。

② 人民网—财经频道：《黄陈宏：尽到企业社会责任感到很欣慰》，2016 年 3 月 9 日，http：//finance. people. com. cn/n1/2016/0309/c1004 – 28185702. html，2022 年 1 月 29 日。

尔大中华区副总裁周兵出席人民网主办的2018人民企业社会责任高峰论坛并进行主旨发言，认为“企业要根据国家和社会的发展方向来制定自身发展战略，运用科技力量积极推动社会可持续发展是戴尔始终肩负的使命”。① 2020年岁末，共青团中央致信戴尔科技集团的内容为：“对共青团工作、对希望工程事业的关心和支持，表示衷心的感谢”。② 有关报道对戴尔公益行动的描述涉及公益项目、企业文化建设、绿色环保行动、抗疫捐赠等方面，其公益执行既规划清晰、持续稳定、内外兼顾，又展示了科技行业的优势，使人体会到企业社会责任传播切实将“说和做”结合起来，令人信服。

外资企业在企业社会责任传播领域所呈现的文化多样性不可避免地会给企业声誉带来未知的风险。戴尔阶段性地使用大众媒介组合（前期社交媒体，后期主流媒体），在阐释企业社会责任概念的阶段就敏感地意识到文化差异并充分地计划如何克服跨文化沟通障碍，其传播策略不亚于执行一项有效的国际文化谈判：寻找中西方公共文化的共同点并以中国公众更易于接纳的方式完成企业社会责任相关知识的跨文化转移。从而企业实现了在中国市场的文化外交，并将企业社会责任作为积累在地经营资本的“软实力”。

二　企业社会治理的对外传播

Kotler和Lee（2005）认为，企业社会责任传播能够实现这样的品牌战略：“促使目标人群改变行为，这一行为改变的结果不

---

① 人民网—公益频道：《戴尔周兵：运用科技力量推动社会可持续发展》，2018年12月27日，http：//gongyi. people. com. cn/n1/2018/1217/c151132 - 30472112. html，2022年1月29日。

② 第一财经：《戴尔：科技回馈社会，公益践行责任》，2021年12月9日，https：//baijiahao. baidu. com/s？ id = 1719586531472382753&wfr = spider&for = pc，2022年1月29日。

仅有利于社会公益，同时也为产品和服务开拓新的市场”。典型的案例是宝洁公司旗下的佳洁士牙膏与美国少男少女俱乐部展开的一项品牌公益活动：向低收入家庭的青少年宣传勤刷牙的卫生习惯，提醒他们爱护牙齿，关注口腔健康。这一公益活动旨在通过品牌的人文关怀，为佳洁士牙膏培养未来的消费者，开辟新的市场。因此，营销学家认为企业社会责任传播在选择社会责任项目时应该具备战略性的思维，促成人们养成好的行为习惯，同时这一行为习惯又能与消费产品联系起来。

戴尔的筑梦成真项目与佳洁士的案例有着相同的战略思维。通过提供技术、专业知识和资金解决贫困地区小学生的计算机教育问题。不同之处在于，戴尔帮助的目标人群不仅可以改善个人的学习行为，还由此获得了实现群体性阶层迁越的进一步可能。因此，戴尔筑梦成真项目通过弥合知识沟产生了使阶层流动更公平的社会治理效果，从而企业成为社会公平的一个解决方案。可以说，戴尔的这一企业社会责任活动实现了企业、目标人群和社会三者长期意义上的共赢，不仅潜在地培养了未来的忠诚消费者，更重要的是突破了企业私利与公共利益的界限。但是，这种共赢的理念要成为利益相关者的认知离不开企业微博的对外传播。

首先，企业社会治理的对外传播需要在情感上打动利益相关者。围绕“筑梦成真”的公益项目名称，“孩子”、“梦想”、“未来”等关键词是唤起利益相关者内心情感和希望的价值基础。如企业微博发布的内容：

“江西芦溪东阳学校戴尔学习站的同学们正在学习用 Scratch 编故事，很期待呢！”

“来瞧一瞧，可爱的孩子们正在为到场的嘉宾系红领巾呢～他们希望以自己的方式表达他们的喜悦和感激。……希望学校早点安排自己上电脑课呢～嘿嘿，小家伙，开课以后要记得认真学哦～@戴尔中国”

其次，企业社会治理的对外传播需要动员利益相关者参与相关公益项目，扩大社会议题的关注人群，并完成利益相关者的深度认知。例如：戴尔曾在微博上发起请求微博用户转发的公益营销活动，承诺捐赠100万元。

“#筑梦成真#每一个孩子都有一个梦想，每一个梦想都在寻找一个支点。筑梦成真微博公益在行动！即日起您每转发一次本条微博，@戴尔中国就拿出10元进行捐助，为欠发达地区建设电脑学习教室，上限100万元。感谢您的举手之劳，参与进来，为孩子们的梦想插上翅膀！@中国青少年发展基金会”

由于该公益营销活动引发公众的积极响应，转发量很快突破了10万（即达到戴尔承诺捐赠的100万元上限）。戴尔为了保持活动热度，立即将捐赠金额的上限上调到200万元。最终戴尔共计捐出1226390元，意味着其原帖被转发了12万余次。该活动的成功首先说明戴尔对利益相关者采取了耐心、宽容和非判断态度的倾听技巧，从而敏锐地捕捉到利益相关者的行动意向，并用支持和鼓励的行动发展人际交往关系的能力。从侧面反映出企业内部执行公益项目的高度共识和团队协同。此外，戴尔及时调高捐赠金额展示出企业的高道德标准，以及执行公益项目的专业能力、坦诚和自信。这种“秀肌肉”的行为旨在满足中国消费者对高道德水平的期待，保障企业与利益相关者的有效互动。

最后，企业社会治理的对外传播需要第三方信源佐证治理成效，从而实现利益相关者的良好评价并形成认知闭环，真正达成企业、公众和社会的价值融合。以前述的公益营销活动为例，企业微博晒出了中国青少年基金会出具的捐款证明图片作为第三方的佐证（见图 10）。

戴尔公益
2012-5-15 来自 专业版微博
感谢社会各界对戴尔#筑梦成真#微博捐助活动的支持。该活动已于2012年2月21日至2月25日进行（网页链接），经过2个多月的努力，@戴尔中国 已履行承诺通过 @中国青少年发展基金会 捐助1,226,350元，为欠发达地区建设10所电脑教室。敬请关注后续学校捐助进展。
捐赠证明
108 63 赞

图 10 @戴尔公益展示中国青少年基金会出具的捐款证明图片

从“有图有真相”到“有视频有真相”，中国数字公益的佐证标准经历了一次传播技术的演变。受助方提供的图片、视频和权威机构的授奖都是保障企业社会责任传播积累信誉的重要工具。而同一信源如果发布前后矛盾的内容则会给企业声誉造成难以补救的伤害。

三 案例小结

总体而言，戴尔的企业社会责任传播带有鲜明的“本土化”

色彩，如特别重视员工的志愿行动和当地的社会治理效果。戴尔企业微博的内容发布体现了企业的规范化管理，以及良好的社会信誉。尤其“员工公益”是其独家内容，除了凸显员工素质，更是企业志愿主义（volunteerism）的体现，是“筑梦成真”这一广受好评的社会责任项目之外的亮点。而“筑梦成真”作为企业社会责任传播的支点，非常契合地连接了企业的行业属性与社会治理目标。比起现金，向贫困地区小学捐赠电脑产品并不影响企业的现金流，因而是最不影响企业正常经营和最为便利的捐赠方式。但是，戴尔公司的优势在于，它并不将产品捐赠和硬件建设作为企业社会责任传播的终极目标，而是通过课程设计等软件支持促进受助儿童的个人发展，呼应了人的发展的终极价值。

从“舍物”到“助人”的飞跃，就是企业社会责任传播实现更高的社会意义，赢得更多正当性从而嵌入跨文化社区的过程。同时，这一公益活动为戴尔塑造“技术先驱”形象，与戴尔公司从“电脑生产商”向“技术提供商”转型的品牌战略紧密联系在一起，有利于强化戴尔公司与创新技术的品牌联想。

近年来，电子产品的污染问题，以及电子产品对人际社会的消解不断引起公众关注，戴尔公司通过“筑梦成真”社会责任项目证明技术对人的发展的促进作用，事实上也为其在今后可能遭遇的舆论危机做了防患于未然的准备。

第三节　维护志愿者社群：私营企业案例

中国平安保险（集团）股份有限公司（以下简称“平安集团”）于1988年成立于深圳蛇口，是中国第一家股份制保险企业，也是中国金融保险业中第一家引入外资的企业，至今已发展成为融保险、银行、投资等金融业务为一体的金融服务集团，位列我国三大综合金融集团之一。

平安集团 2003 年启动“中国平安励志计划”社会责任项目，主要针对高校经济学专业的大学生，下设励志论文奖、奖学金、创业大赛、励志论坛、励志同学会。励志论文奖的论文评选活动是其中持续时间最久、影响力最大的项目。2007 年以来启动中国平安希望小学支教行动，招募爱心志愿者投身志愿服务工作。2010 年 3 月，该企业又启动了低碳 100 行动，包括三个层面：运营层面——绿公司；业务层面——绿金融；公益层面——绿公益。平安集团不仅将企业运营与社会责任项目结合起来，还将企业社会责任作为企业业务的一部分。企业内部不仅形成了教育扶贫的公益活动传统，还建立了一套计算员工参与公益活动的积分法则。

与前两个案例相比，平安集团的企业社会责任传播渠道以企业自建渠道最为完整，包括企业微博“@平安爱心公社”、中国平安官方网站子栏目“可持续发展”[①]、三村晖 App。其中，（1）企业微博的注册时间是 2010 年 12 月 17 日，停更时间为 2015 年 8 月 13 日。以发布公益知识和平安公益活动为主。例如：“公益 100 问”通过自问自答的方式进行公益科普；“低碳 100 行动”宣传低碳生活方式；“支教志愿者”展示平安组织的支教活动，发起志愿者动员。（2）平安集团官网“可持续发展”栏目从理念到实践较为全面地展示了平安集团所有的公益努力。2009 年度企业社会责任报告是其最早发布相关报告的时间，而最近一次发布是《2020 气候风险

① 参见平安集团官网，网址：https：//www. pingan. cn/sustainability/index. shtml。

管理报告》。[①]（3）出于响应党的十九大“脱贫攻坚”的号召，平安启动了“三村工程（村官、村医、村教）”，进而建设“三村晖”平台。三村晖 App 的上线时间是 2018 年 4 月 10 日。“村教”是其最早运营的扶贫线上智慧教学版块，通过动员、资助全国中心城市的优秀教师、教研专家远程支教，为偏远贫困地区的乡村教师和学生提供优质教学内容。除了管理“村教”项目，“三村晖”目前集公益求助、发起公益活动、招募志愿者、获取公益积分于一体，已成为面向所有利益相关者的综合数字公益平台。

一　培育志愿者社群的数字公益路径

尽管线上公益活动可用物质奖励引诱粉丝用户转发企业社会责任的信息，同时帮助企业社会责任信息向更广的社交网络扩散。但是，这种超常的粉丝热情往往稍纵即逝。平安集团的企业微博会迎合社会热点策划线上公益活动，如：

1. 2012 年奥运会期间发起有奖健步走活动。该帖子被转发 10903 次，收到评论 1016 条。

> “#一起来走路 为健儿加油#只要每天走路，就能赢国家乒乓球队签名球拍！8 月 2 日前，粉丝转发本帖，评论分享‘为健儿加油，我今天走了 XX 步或 XX 公里 XX 米’为你喜欢的运动员加油，就有机会获得 @平安爱心公社 送出的乒乓球冠军签名球拍和球衣，还有价值 2 千元的低碳运动基金。还等什么，赶快晒出你的步伐吧！”

① 参见平安集团《2020 气候风险管理报告》，2021 年 12 月 10 日，http：//www.pingan.com/app_ upload/images/info/upload/72349a0e-2d4e-47e0-8a8a-63cc2ad0f800.pdf，2022 年 1 月 29 日。

2. 转发普通用户的求助信息，以期获得更多反馈和对话。

“#网聚微力量#帮忙寻找两岁半男孩，您的每次转发就会带来多一分希望，谢谢大家的爱心转发。”

3. 应答有争议的社会问题。2012 年夏季北京暴雨导致车主被困车内遇难的新闻引起了社会的广泛关注，平安微博账号及时发布“雨中被困车内如何逃生”的帖子，被转发了 165989 次，评论 7884 次，是三个企业微博案例中反馈最为热烈的帖子。比较而言，线上有奖征集活动的粉丝动员效果不及针对第三方的线上扶助活动。

尽管“蹭热度”帖子的转发和评论数都高于日常发帖，但线上公益活动很难产生持续的社会效果。因此，平安集团将数字工具与线下公益活动结合，打造了一个关键利益相关者群体——志愿者的“online + offline”闭环。与线上活动相比，与公众合作进行线下公益活动需要企业社会责任传播更广泛地发动公众志愿参与其中，同时企业必须投入更多人力物力组织公益活动。韦伯（Wiebe，1951）通过研究四个公益活动实例，提出了决定公众参与线下公益活动的五个条件：①动力大小。取决于个人对公益目标的兴趣以及公益传播的刺激。②方向。为个人指明参与公益活动的渠道和方法。③运行机制。组织引导个人的公益行动。④适当性。公益组织者的能力和效率。⑤距离。个人对参加公益活动的投入和收获的估计。在数字媒体沉浸式传播的背景下，如何将线上粉丝转变为行动的线下志愿者是对企业社会责任传播的主要考验。

平安集团的企业微博“@平安爱心公社”是该企业最早与志

愿者互动的平台。一方面，企业微博以标签#中国平安支教#大量发布社会责任项目的内容，善于用数字来证明支教活动显著的社会效果，强化平安集团与社会责任项目的品牌联想。

> “#中国平安支教#践行支教行动，专注精彩明天。中国平安希望小学支教行动自2007年以来，招募超过1500名志愿者投身志愿服务，帮助超过两万名孩子领悟爱和分享。2012年中国平安希望小学支教行动将在全国25所山区学校扬帆起航。期待您的加入，让同学们的梦想之花温暖绽放！”

另一方面，企业微博在招募支教志愿者的同时，还会转发志愿者的支教帖子为招募活动背书（见图11）。

企业微博大量转发（原创帖子的84%）志愿者的支教微博，将贫困地区儿童的生活真实再现在公众面前，受助人的窘境能够激起公众的道德反省，更加凸显支教活动的公益价值，对公众产生强大的行动感召力。而稳定持续的支教活动为企业公益项目积累了雄厚的声誉资本。如图所示，2013年企业微博招募支教志愿者的信息得到超过1.3亿次转发，千余次评论，可以用盛况空前来形容（见图11）。

究其根本，平安公司战略充分利用了数字公益的动员优势，并顺应了中国社会治理力量的壮大趋势。经过了“5·12”地震考验的中国志愿者群体正在逐步成为一股新兴的社会公益力量，未来将在中国的公益舞台上扮演更为重要的角色。他们不仅是公益活动的参与者，更是公益活动的正名者。志愿者的助人经历就是企业社会责任传播实现的社会效果之一。

平安爱心公社

2013-8-21 来自 专业版微博

2013平安希望小学支教志愿者招募启动! 8月21日-10月31日，诚邀每一个热心公益的你加入志愿团队！20%的责任，20%的爱心，20%的智慧，20%的团结，20%的勇气，汇聚成一个100%的你！如果你够"混血"，就赶快来报名吧！详情请戳：网页链接

1.3万　1539　12

平安爱心公社

2014-9-17 来自 微博 weibo.com

#2014平安支教大不同#20年，平安希望小学"变了"：学校设备变得更完善、环境更干净舒适......但是支教志愿者们还是一样的俊男美女有爱心呀~！亲爱的，你也想拥有这样特别的经历和成就感？那还不快戳链接报名中国平安支教！？→_→网页链接

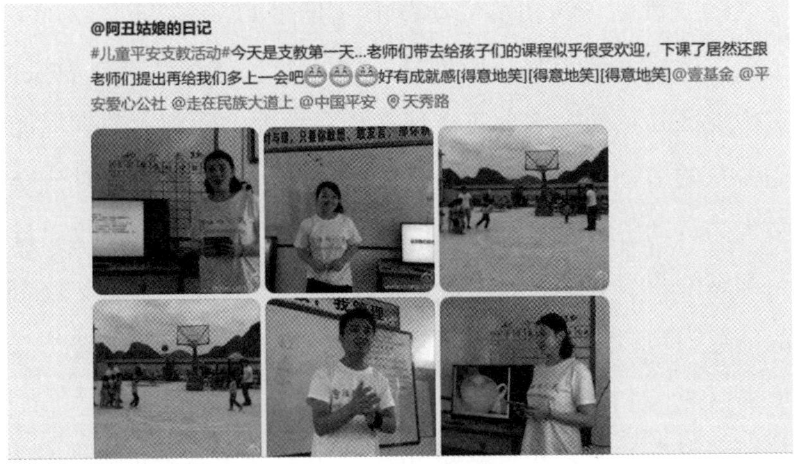

图 11　@平安爱心公社招募支教志愿者的微博帖子

企业微博停更后，三村晖 App 接过运营志愿者社群的接力棒。这一数字平台建立了企业内和企业外志愿者的数据库，赋予志愿者发起和参与公益活动的双重身份（见图 12）。实现招募、

管理、记录志愿者一体化，并可精准匹配志愿者和受助者资源。App 的集成功能实现了项目执行、监测与发布同步，将“企业—志愿者—受助者”三者的互动效能最大化，从而保障志愿者集体行动的公益效果。

图 12　平安集团三村晖 App 截图

二　自治视角下的企业社会责任传播

前述案例介绍了企业业务治理和企业社会治理的对外传播，但并不意味着企业社会责任传播仅仅是为了迎合外部监察的最低标准或不切实际的期望。对于企业组织这样一个兼具应激能力和自我进化潜力的有机体来说，他治与自治是一个互动推进的过程。

就本案例平安集团来说，全球化和政府监管是企业必须应对的方面。然而，全球化作为演变机制的后果之一正是拓展了超出国家监管的新领域。就企业社会责任而言，它是全球化在政府的政治、法律和经济控制之外拓展的企业自治空间。因此，在政府监管之外，要求加强企业自治的外部压力越来越大，导致企业必须以更加强烈的承担责任的志愿作为回应。而放大企业自治的志愿性一方面取决于企业如何拔高企业社会责任的公共价值，使更多公众感到“与我有关”；另一方面就是在传播行动上保持一致性，如企业社会责任活动与企业业务没有明显冲突，或活动执行具有连贯性，并且超出政府和公众的期待。

平安集团主营的保险业务对个体带有天然的扶助色彩，此外，金融机构作为资金流的中枢对任何经济体的健康都至关重要，金融企业一旦出现危机将对经济和投资者的信心造成严重影响。因此，金融企业需要建立更加严格的自省制度。2008 年金融危机之后，巴塞尔银行监管委员会随即颁布了一套银行企业的自治原则来弥补其所暴露的缺陷，重新明确了银行内部的权责归属。[①] 而在中国，党建是一套考核党的领导是否在企业内部得到贯彻的硬指标。平安集团将公益融入党建的内容，从而确保了自上而下的公益动员和员工参与公益活动的积极性。其每年发布的企业社会责任报告中除了大书成为集团名片的支教活动，还包含各个分公司贡献的大量由党建引领的公益案例。将党建和企业社会责任结合起来的做法可视为平安集团主动将他治的压力转化为自治制度。但是这并不意味着平安集团可以避免自治失灵或自治过度的风险。

依据经合组织的企业自治原则，“企业治理框架应该承认利

① 详见巴塞尔委员会官网，网址：http：//www. bis. org/bcbs。

益相关者的利益及其对企业长期成功的贡献，从而服务于企业的利益”。其中，“员工”被明确地称为一类利益相关者，而“企业社会责任工作委员会”则作为完善企业自治的必需程序。[①] 因此，恰当的企业自治的关键条件是保障利益相关者及时和定期地获得来自权威部门的、和企业相关的全面信息，并保障员工向管理层自下而上传达负面信息的通道。然而，就平安集团等大部分私营企业的案例而言，自上而下的、外部压力主导的自治模式可能会掩盖真正的失灵风险。

三　案例小结

2013 年 3 月 25 日，联合国全球社会责任投资契约准则组织（PRI）发布了一份名为“私有资本的环境、社会和公司治理（Economic，Society，Governance，简称 ESG）披露框架”的新文件。[②] 该文件提供了一个评估社会责任投资影响企业价值的概念组合及信息披露框架，即从 ESG 所代表的经济、社会、治理三方面来考查企业可持续发展的能力。企业借由提高 ESG 表现来争取市场认可和投资者的信心。

近年来，ESG、可持续发展已经替代 CSR 成为商业全球化的主流词汇。平安集团所代表的本土大型私营企业紧跟潮流的步伐，主要体现在“快”上。（1）传播内容的理念更新快，及时采用新词汇、执行新的企业社会责任报告标准。（2）调整业务重点的反应快。平安集团能够依据外部社会压力的变化迅速在业务和公益的交叉范畴中找到新的结合点，例如：上线企业自建数字平

① OECD，*Corporate Governance Code based on the OECD Principles*，2004.

② 详见该联合国全球社会责任投资契约准则组织官网，网址：http：//www. unpri. org。

台三村晖 App，将公益数字化的主动权掌握在企业自己手中。这不仅说明私营企业的适应性强，也证明企业社会责任在大型私营企业的内部管理架构中已经具备了一定的决策优先权，并形成了稳定的决策程序。这或许是本土私营企业能够实现高公共效益的企业社会责任传播的优势所在。

第五章　当代企业社会责任的公共传播策略

第一节　驯化媒介：基于数字公益的公共传播

无论企业规模、所在国家、所属行业如何，没能对数字媒体进行有效管理的企业占多数，它们越来越受困于管理无效带来的负面影响。这种负面影响可能来自维权者或某个利益集团，或是企业员工和普通公众。很多热点事件表明，当一个企业无法管理好对数字媒体的运用，就会面临一定的风险，有时甚至是灾难性的影响。然而，很多企业只有在经历了这种灾难以后才会加强对数字媒体的投入。即便如此，大多数企业管理者大概仍认为数字媒体只是降低损失的工具而已。

可以肯定，使用数字媒体的益处不仅是重塑企业声誉，它还是一种独特的强化声誉的工具。一是在不断适应变化的基础上加强和维护企业声誉；二是强化（包括公开和下意识地）企业的道德、方法、策略和前景；三是拓展受众的范畴，通过他们更好地传播企业的信息；四是支持、扩大现有的传播效果。本书的案例说明，真正借助数字媒介与社会公众进行沟通并定期提供详细信息的企业获得了更多的关注，他们在数字媒体上与公众的融合及互动也更多。

利用数字媒体展开企业社会责任传播是企业由外至内整合数字公益项目的过程。一项基于 38 个企业的研究（Saxton，et al.，2016）表明，就特定企业社会责任领域（如教育和环境）而言，添加标签和加入现有社会运动话题可以使主题明确，更能引起大众的共鸣。在数字媒体上提升企业社会责任的公共价值，企业需要注意如下几个方面。

一 使用数字媒体工具的具体建议

与社交媒体用户进行互动时，转发和视频链接这两项数字工具可以唤起用户强烈的参与兴趣。企业用户要善于在互联网的海量内容中选择适合公益主题的内容进行转发。转发既是对原创内容的补充，也展示了企业用户的社交网络，为企业用户累积社交网站的虚拟社会资本。尤其转发第三方消息来源的帖子能为企业获得更多信任和反馈，说明“背书”的企业社会责任传播比“第一人称”的企业社会责任传播更值得信赖。同步举行线下的公益活动是发动微博客用户参与，实现企业与志愿者深层次互动的有效手段。使用视频链接功能能够使帖子内容更加生动，满足数字媒体用户的视听需求，引起他们的强烈反馈。

在数字内容的编排中，善于突出企业的责任担当。强调企业业务活动的标准化，以及较高的道德追求是获取公众信任的重要来源。这种从“由内而外”的公益传播更符合公众对企业的基本期待，能够得到他们的支持和信任。

二　品牌战略意图对企业社会责任的公共价值具有消极影响

从品牌战略性的相关分析来看，企业业务与社会责任项目的适配度，产品信息以及核心价值观与公众信任和反馈均可能呈负相关关系。这一结论具有颠覆性意义。以哈佛大学商学院教授、知名战略学家麦克·波特为代表的管理学者鼓励企业进入公益领域，通过公益投资获取竞争优势，实现企业和社会的可持续发展（Porter & Kramer，2002）。但本文的案例说明，企业管理与公众的互动、执行具体的公益项目更能为企业赢得公众认可，实现非市场战略优势。

这也提醒企业谨慎对待组织战略与企业社会责任的结合，更不应对其预期效果盲目乐观。在制定企业社会责任传播计划时，企业应分别明确具体的战略目标和社会目标，再策划传播活动，而不能过分夸大战略性企业社会责任对获取企业声誉，以及战略优势的贡献。因此，实施企业社会责任的公共传播必须平等看待企业社会责任传播的战略目标和社会目标，分别为两者制定预期目标，再倒推出企业社会责任传播的具体计划。只有这样，企业才能明确为了实现两个目标分别需要付出哪些努力，避免被单个企业或者单个市场的经验所误导。随着企业社会责任的普及，其作为市场战略能够实现的差别化竞争优势将被所有企业共享。那么，企业社会责任传播的下一个发展阶段必须思考，如何通过切实的社会效果赢得公众信任。

三　通过对话发掘数字媒体用户的潜力

在数字媒体的沉浸式氛围下，用户仍然会敏感地区分企业编排内容和第三方发布内容。与线下公益活动相结合的数字公益才能赢得更多的肯定。数字媒体的用户的行为空间很大，他们既会为抽奖这种满足个人利益的活动所吸引，同时也对公益活动有着较高的志愿性。这说明，利益相关者对企业社会目标的预期不尽相同。因此，“开展利益相关者对话，以便评估利益相关者的观点和愿望”对于企业成功实施企业社会责任至关重要。

四 从企业自治做起，而不是反过来

大量匿名的数字媒体用户既是企业社会责任传播的机遇，也是企业的挑战。因为企业必须随时准备好接受不知名的攻击。数字平台上的企业社会责任传播并不是一味地对外宣传企业的公益成就，而要从内部审视组织的运营和管理，主动防御来自公众的指责。这意味着企业社会责任传播不仅需要做好传播，还需要监看大的数字舆论环境。不仅需要做好社会治理，还需要整合资源和升级企业自治。只有企业做到了内外一致，用户对其传播才会感觉到内外一致。

五 志愿者：企业社会责任传播的社会延伸

平安集团的案例说明，志愿者是企业社会责任与公众合作的重要方式。志愿者从公众中来，他们参与的企业社会责任传播连接了公众、企业和受助人三方，并成为企业和受助人之间的桥梁，实现了助人者和被助者的联系。因而使企业社会责任传播的社会效果更容易被企业、公众感知，获得公众信任。与单纯地物质捐赠相比，志愿者参与的企业社会责任传播不是仅仅通过金钱来展示企业的道德高姿态，而是产生了切实的社会凝聚力。与志愿者合作的过程本身就是一种企业社会责任的公共传播，它是一种企业与公众合作完成的创新传播，不仅有利于发动公众与企业进行对话，还是启动用户之间传播（peer-to-peer）的良好契机。

六 App：企业社会责任传播的自有数字平台

平安集团的公益数字平台“三村晖 App”昭示了数字公益的新阶段。与官方网站、社交媒体传播企业社会责任不同，App 的上线意味着企业社会责任作为一个独立的部门从企业业务框架中剥离，势必影响到企业决策的结构。此外，它的信息优势在于将外部信息与企业内部信息对接，既可以实现掌握用户个人信息之后的精准互动，又可以对外放大企业社会责任的影响力。用商业的效率思维来执行企业社会责任传播，肯定会提升传受双方的感受。

2020 年，中粮集团也上线了直接面向 C 端（农民）的数字公益平台“粮圈儿 App”，为农民提供采购生产资料、销售粮食的信息渠道。但与“三村晖”相比，“粮圈儿”主要是完善企业的产业链条服务，没有业务之外的公益活动。因而，与产品捐赠、业务之外的公益活动相比，用户感受的志愿性可能较少。

七 营造参与愿景：企业社会责任报告的公共传播技巧

尽管企业社会责任报告（又称可持续发展报告）是企业单方面的自我佐证，但鉴于此类报告通常借鉴权威的信息披露标准，目前仍是主要的企业社会责任传播方式。因此，在报告内容中体现公共性至关重要。

1. 主动引导公众建立期待值

以戴尔《2021 财年 ESG 报告》为例。该报告详细列举了戴尔从当前至 2030 年以及 2030 年以后的 ESG 承诺，清晰规划了企业社会影响的路线图。这些阶段性的承诺不仅展示了企业的短期和长期规划，提高了企业社会承诺的可信度，给予投资者希望。也开诚布公地向利益相关者发出监督的邀请。正如其企业社会责任报告的主题名称“progress made real（进步使梦想成真）”所暗喻的，企业的社会目标可以逐步实现，每一个进步都值得公众期待。如果企业没有达到预设的目标，势必会削减企业的声誉。但鉴于企业自己将靶子立好，我们也可以期待另一番说辞。

2. 指数化呈现

指数工具可以帮助公众更好地理解企业所取得的社会治理成效。尤其可以直观地呈现社会责任投资的环境、社会和治理影响。例如：企业责任指数（Corporate Responsibility Index，CRI）专门用于评估、监控、报告和改善企业对社会和环境的影响。该框架是 2002 年由社区商业组织（Business in the Community，BITC）动员英国的商业领袖协商并建立的。

CRI 提供了基于数字媒体的调查问卷结果，帮助企业评估、管理和报告他们的企业社会责任绩效，并满足他们的业务战略和现有报告的需求。企业通过一个自我评估程序来确定其社会责任绩效。参与调查的企业每年也会使用该指数对自己的企业责任绩效进行基准测试。由于数据来源的外部性，这一指数广受好评。

事实上，目前的企业社会责任指数或多或少都遵循某个权威机构的主导价值观，这些机构有的是西方国家主导的跨国组织，有的是国家组织，因而可能遗落了其他地区的本土化的价值需求。因此，在以某些国际标准为样本的基础上，我国还需要建立自己的企业社会责任指标体系。

第二节　协商意义:跨文化语境下的企业社会责任互动

可持续发展是人类追求之目标，企业虽然以获利作为主要发展目标，但企业所获得的利润，不单是企业经营的结果，也包含公众消费及与企业所处的文化环境、政治等因素互动的结果。通过对比国有企业、外资企业、私营企业的企业社会责任的公共传播模式，可以发现跨国企业往往需要克服文化差异的障碍。管理好文化差异考验着外资企业的协商能力，因此，在华经营的外资企业可以借鉴本土企业的数字公益特色。

一　重视对话功能，积极拓展公共价值空间

数字平台上的对话是公开的、广泛参与的对话，因而是一种公共对话。公共对话为企业社会责任传播提供了天然的受众基础和公众参与渠道。然而，发动数字媒体用户参与对话仅仅是第一步而不是终点，用户的狂热评论和转发并不意味着企业获得了公众信任。如果企业被粉丝的狂欢所误导，就会对使用数字工具产生错误的认知，导致利益相关者的深层次需求得不到回应。因为企业总是满足于评论与转发数量，而不探究利益相关者到底表达了怎样的需求。双方其实都在对话的假象中自言自语。即使处于一对一的数字平台上，利益相关者的反馈仍旧被忽略，企业与受众之间的参与不平等更为明显，这是技术乌托邦的幻灭。

企业反复使用“刺激—反应”的对话模式容易被粉丝的狂欢误导，将轻点鼠标或触碰屏幕的努力转化为心理认同还需要企业

更努力。平安集团的企业微博的“暴雨车主逃生技巧”的主帖获得了超常的转发和评论，是因为企业发掘了时下公共话题的价值。因此，跨国企业在发起对话时，更应关注具体社会问题的具体解决方案。将数字交流看作公共对话平台，将自己看作本土公众的一员，从寻求共同利益出发，与其他用户进行平等的对话，进一步促进合作，实现社会责任目标。

二 为利益相关者提供情感按摩

人情社会中的中国企业着眼于满足当代人的情感需求。中粮集团的企业微博与粉丝之间的对话几近还原了现实生活中的人际传播。这一现象提醒我们情感表达在数字公益中的重要作用。人是情感的动物，人的传播活动本身是一种情感的表达。然而，现代社会的割裂使人的情感表达环境从熟悉走向陌生。在通信技术的辅助下，现代人已经习惯与不知名的陌生人分享秘密和生活。因为现实中亲近的人已经在个人生活中扮演了固定的角色，向他们表达情感可能改变原来的生活方式，这种结果的不确定性使现代人反而对现实中亲近的人感到抗拒和害怕，越来越感到孤独，越来越需要情感的慰藉。从而，他们更愿意亲近陌生人，更喜欢向陌生人表达情感，因为这种情感表达停留在虚拟的空间里，个人既可以获得情感上的解脱，又不用担心可能会对个人的现实生活产生影响。

网络世界里从来就不缺乏陌生人，今天，“亲近陌生人”效应下的数字媒体充斥着大量的情感信息，表达了现代人的情感缺失。中粮集团的企业微博敏锐地捕捉到了这一讯息，并做出了正确的战略定位。对于企业来说，情感机制是决定企业社会责任传播效果的重要因素之一。因此，在中国经营的跨国企业需要对匿名用户的情感世界进行人文关怀，做一个公众愿意亲近的“陌生人”。但是，就企业社会责任传播的社会效果而言，情感慰藉并不能使网络用户产生公众信任。要使企业社会责任传播更为可信，企业应该兼顾员工福利和志愿者社群等现实人际互动的效果。

三　重视防范风险，谨慎维护公众信任

获得信任艰难，失去信任却总是很容易。在一个碎片化的世界里，媒介决定着公众对企业组织的一切感知。因此，公众信任的积累和失去都是从媒介开始。在媒介日益个人化的今天，信息门槛的降低更加剧了个人感知的不确定性。这种不确定性的结果是，人们确认正面信息需要更多消息来源的佐证，而确认负面信息则只需要很少，甚至一个消息来源。这使得企业社会责任传播累积公众信任的过程益发艰难。过去企业仅仅需要防备大众媒体的“掘粪”，而今天在大众媒体之外，更多的公众，利益相关者，甚至员工都具备“掘粪”的能力。此外，公众信任的脆弱还体现在其难以再生性。一旦遭到破坏，公众信任就难以恢复。

因此，公共传播应该具备风险防范的能力。这一能力可以看作是对中国网络舆论环境中日益高涨的公众权力的应对。尤其在投诉信息的处理上需要及时谨慎，因为企业与投诉者的对话不仅要满足投诉者的期盼，更要满足“旁观者”的心理预期。任何“旁观者”都可能成为企业的“掘粪”人。数字媒体的旁观特征宣告，利益相关者范畴正在失去边界，企业需要在一个更加公共化的媒介平台上与企业业务范围之外的公众进行互动。

文化自尊程度的差异也是外资企业要协调的主要风险之一。出于历史和文化传统的原因，我国公众的文化自尊程度普遍较高。近年来，随着我国市场的国际地位日益提升以及本土品牌的

成长，我国消费者对跨国商品的议价能力也得到相应提高。部分西方奢侈品牌在广告中体现出的文化傲慢使其遭遇了中国消费者的抵制。因此，外资企业为中国市场带来社会责任传播的全球化趋势时，也需要尊重中国消费者的独特需求。

第三节　社会责任投资:打造他治与自治互动的社会企业

“社会责任投资”（Social Responsibility Investment，SRI）概念源起 18、19 世纪；是随着可持续经济发展而产生的。借由整合多面向的考量（如社会正义性、环境永续性、财务绩效等要素），使得 SRI 同时产生财务性及社会性的利益。SRI 并非一个特定的商品名称，而是为投资组合设定特定价值的应用方法或哲学。投资者不单对传统的金钱回报感兴趣，还会考虑到社会公义，经济发展，世界和平与环境保护等。SRI 分为投资组合筛选、股东参与、社群投资（Asria）。其中投资组合筛选包括共同基金、指数股票型基金 ETFs、封闭型基金、与另类投资（如道德基金、绿色能源基金、社会责任基金、宗教基金等）。

2005 年全球社会责任投资管理总资产为 2.3 兆美元，比 10 年前增加近 260%，而从 2005 年至 2007 年 5 月，全球有关社会责任投资所管理的资产快速增长至 4.2 兆美元。社会责任投资规模在美国的成长最为迅速，2007 年为 2.71 兆美元（较 1997 年成长 326%），目前在美国 1/9 的投资与 CSR 投资有关。美国私募股权基金开始采用社会责任投资准则，该准则包含环境、劳工、卫生、安全、公司治理和社会议题。日本企业在 20 世纪末期，屈从西方压力导入 CSR。从 1990 年末期至 2007 年年底，一共已有 52 支以投资日本企业为主的 CSR 基金上市。这一数据在 2007 年 4 月时仅为 36，到了 2007 年年底就快速成为 52。香港、韩国与东南亚国家都已推出 CSR 相关投资产品。中国在 2008 年已由兴业基金公司推出首档社会责任基金。道琼斯可持续性指数（DJSI）为目前国际市场上较具权威的 CSR 指数代表。其中，DJSI - World（简称“道琼斯可持续发展世界指数”）长期投资绩效表现，优于道琼斯工业指数及 S&P 50 指数。

企业如何开展社会责任投资主要关注两个问题：一是如何在维持企业运营的基础上，将企业的部分利润分配给社会事业，与企业社会责任的公共传播相一致？二是这种社会责任投资给企业带来利润的回报率如何？

社会企业（Social Enterprise，简称 SE）概念的提出为企业将业务投资与社会责任结合起来提供了新的方向。社会企业是指企业经营以回馈社会及公益为主导，但不接受补助，而是自给自足，有自主运作能力。经营利润分配给成员，并增加雇用人员。企业经营可能从环境生态、观光创新、家政服务等面向着手。从广义的社会贡献来看，所有企业都可以成为或投资社会企业。

社会企业在国际中（尤其是英、美、南亚等国家）已被证明为一个可扩张与可持续经营的商业模式，更提升了社会公益组织的财务自主性。当今主流意见领袖纷纷对社会企业的模式提出建议，诸如比尔·盖茨（Bill Gates）的创造性资本主义（Creative Capitalism）、迈克尔·波特（Michael E. Porter）的创造共享价值（Creating Shared Value）等，都说明了社会与企业不再是两条陌生的平行线。

广义而言，“社会企业”指的是一个用商业模式来解决某一个社会或环境问题的组织，例如提供具社会责任或促进环境保护的产品/服务、为弱势群体创造就业机会、采购弱势或边缘群体提供的产品/服务等。其组织可以营利公司或非营利组织的形态存在，并且有营收与利润。其利润主要用来投资社会企业本身、继续解决该社会或环境问题，而非为出资人或所有者谋取最大的利益。

不过每个国家、组织，或个人对“社会企业”概念的定义与解读不完全相同，也因为与其他产业比起来“社会企业”仍是个新兴领域，更具体的定义应是由在此领域中的实务工作者们所共同塑造且持续补充与调整。

孟加拉格拉明银行（Grameen Bank，常被称为穷人银行）的创办人、诺贝尔和平奖得主——穆罕默德·尤努斯（Muhammad Yunus）在2011年成立了Grameen创意实验室（Creative Lab），将他的影响力深入社会企业培育层面。Grameen创意实验室认为社会企业结合了传统企业的竞争与社会公益的创造，运用商业手段使组织能够自给自足、可持续发展，以达到组织扩大化其社会与环境影响力之目的。

Grameen创意实验室认为一个社会企业应该遵守以下七大原则：

1. 社会企业的目标是能够解决贫穷，或其他会威胁人类与社会的问题（如教育、健康、科技、环境等）；而不是为了最大化企业利润。

2. 社会企业在财务与经济上能够可持续经营。

3. 社会企业的投资者（团体）只会得到其投资的资本，而不会有超过其投资社会企业的股份分红。

4. 当投资的资本有回报时，公司所得到的额外利润会用于企业的业务扩张，或是企业营运的改善。

5. 社会企业有环境保护的意识。

6. 社会企业的员工能够得到与市场相同标准的工资，而且能有较好的工作环境。

7. 社会企业怀抱着开放与正面的态度。

例如：Felipe Vergara 和 Miguel Palacios 在 2002 年创立 Lumni，利用贷款的方式帮助贫穷学生完成学业。接受贷款的学生要在毕业后 10 年期间，以一定比例的固定收入来偿还贷款。比起传统就学贷款，Lumni 偿款方式更能够减轻学生财务上的压力，因为学生如果失业可以暂缓偿还贷款，等找到工作之后再支付贷款。Lumni 除了号召一般社会大众和企业参与投资教育（提供学生贷款），更擅长与学术机构合作。如果学校宣传贷款方案鼓励学生就学，可以提升学校招生率，解决贫困的优资学生的就学问题。此方式也顺利帮助 Lumni 推广自身的业务。自创立以来，Lumni 帮助了 2000 余名学生，同时也获得超过 100 位投资者的青睐，投入 1500 万美金的资金放款，目前在智利、柬埔寨、墨西哥以及美国设有机构协助当地学生。

可见，社会企业可以是一个独立的组织或依附于某个企业的分支机构。其广泛植根于社会结构的组织形态决定了社会企业具有广泛的社会连接，并能够以服务大多数人的需要产生持续的盈利能力。这种将企业业务与社会责任事业相结合的经营方式从根本上杜绝了企业社会责任传播“怎么说”与“怎么做”之间的不一致。

第四节　引领创新：企业社会责任的公共目标与风险规避

随着第四次工业革命的到来，创新已经成为企业和社会可持续发展的驱动力。创新重塑生产方式，加强企业竞争力，改善社会福利，还减少环境污染。例如，2012 年，研发生物塑料的佛吉亚（Faurecia）公司与三菱化工签署独家工业合作协议，共同开发 100% 天然材料制作的生物塑料，将其用于汽车内饰的大规模生产。这一案例显示：创新和企业社会责任传播紧密联系，合作和战略伙伴关系尤其是企业社会责任传播的关键的公共价值。除了应对环境危机，创新也被认为是提高当前生活水平的有效途径。因此，创新可以帮助企业更好地将市场目标与社会目标结合起来，从而使企业社会责任的公共传播更具战略性。那么，企业更需要平衡好资源稀缺、利益冲突和创新投资的风险，确定何为优先事项，找到创新的潜在方向。

有学者认为，企业社会责任理念的演进可分为四个交叠的时代：贪婪时代、慈善时代、营销时代和管理时代。[①] 前三个时代以响应型的企业社会责任（responsive CSR）为主，企业社会责任传播旨在专门回应利益相关者的基本需求，达到报告标准。而管理时代已经将企业社会责任确立为企业业务的核心，采取更多的开创性举措并超越标准和法规，从而催生了战略型的企业社会责任（stratigic CSR）。尽管企业在传播实践中往往将两者结合起来，但企业如果仅仅将财务业绩作为收益的唯一指标，永远不能促进可持续性和创新。战略型企业社会责任不仅仅关注公共传播为企业所带来的“能见度”（visibility），还与开放的创新相联系。

当然，企业是否能引领创新主要取决于管理层设计企业社会责任互动的魄力与经验。2012 年金融危机结束后，天然气的价格下跌了 90% 。丹麦最大的能源公司 Orsted 为了应对这一危机，聘

---

① 即当时主导的企业社会责任文化。Visser, W. , “The Stages of CSR” in *CSR* 2.0. Springer, Berlin, Heidelberg, 2014, pp. 7 – 19。

请了乐高公司的前首席执行官亨里克·保尔森为新任首席执行官。在其他能源公司采取临时应急措施时，保尔森却另辟蹊径，将公司业务从黑色能源转向绿色能源，彻底转变了企业的核心业务，因应采取新的管理方法，维持了企业的可持续增长。可见，管理者本身的价值观和灵活性对于发现企业社会责任的创新机会和实现创新价值至关重要。

此外，创新还有赖于不同行动者之间的互动：企业社会责任是否促进信息和知识交换，进而产生更大的创新。假如企业管理者在企业社会责任决策过程中能够利用数字技术与员工等利益相关者进行合作，协调企业的信息流，提高知识使用效率，就能开拓管理层的决策视野，在提高社会战略参与的同时提高创新能力。归根结底，人的维度是企业创新和社会承诺的核心。

研究表明，最具创新性的公司是那些战略性地应用企业社会责任的公司。他们将企业社会责任置于其创新过程的核心位置，采用开放的创新方式与外界互动，从而使企业更好地理解利益相关者，提高 ESG 评分①。简言之，企业社会责任的社会目标并不是一个单一的指标，而是一个指标体系。它取决于法律、社会和经济环境给予企业的压力，以及企业数字化转型的程度。可以把企业社会责任的公共传播网络看作预测未来的演变的信息触角，它帮助企业确定在何时与何人合作创造共同的价值，确定企业社会责任和创新发生协同效应的恰当时机。

因此，为了解决营销型企业社会责任传播“言行不一”的矛盾，也为了避免社会投资失当，企业社会责任的公共传播需要建

① 该文章通过量化研究证明，创新与企业社会责任是一体两面。Yousfi，O. & Hlioui，Z.，*CSR and Innovation：Two Sides of The Same Coin*，Post-Print，2020。

立一个与企业的核心业务、实施社会管理的流程、社会目标的设定、审计和报告联系起来的综合性指标框架。至少同时关注以下四个方面：1. 企业声誉的改善程度。在数字时代尤其关注社会声誉和数字声誉的改善。2. 惠及利益相关者的程度。主要关注是否促进了企业与利益相关者的合作关系。3. 缓解冲突的程度。通过减少信息不对称降低企业与行业、立法部门发生矛盾的风险。4. 提升企业创新能力的程度。不论创新的类型为何，创新机会的发现与实施都可以作为一种改善财务绩效的企业社会责任机制。

除此之外，随着虚拟社交网络对现实生活的深度介入，隐形的个人/组织社会网络逐渐变得透明。战略型的企业社会责任正在面临新兴的变革型企业社会责任（transformative CSR）的挑战，后者指以企业社会责任项目作为业务的创业型企业。这意味着企业经营的道德标准在无形中被提高了，无法与社会责任建立深度连接的企业在未来可能面临着更高的道德风险。因此，企业社会责任的公共传播应该处理好以下四个问题。

一　传播距离与传播效果

信息技术对商业活动的影响是巨大的，它使商业活动越来越依赖于扁平化的传播媒介，越来越重视个体消费者的力量。通过社交媒体上的企业社会责任传播，企业希望通过互动更加贴近公众，通过提供公共利益更加紧密地与公众团结在一起。这表明了当代商业界的一个新定律，传播距离的远近决定了商业利润产生的可能性大小。这一传播距离既包括技术保证的传播即时性，也包括传授者双方社会角色的亲密程度。当社交网站缩短企业与公众的传播距离后，公众的需求能够更快地被企业知晓，被企业采纳用于生产经营活动，最终能够促成交易行为的发生。本文所做的尝试只是掀开了这一趋势的一角。相信在未来，数字媒体会成为企业社会责任传播的阵地，为学者提供更多鲜活的案例。彼时，就可以探索数字媒体对商业制度演进的意义。

二　品牌战略的独立性与企业社会责任

本研究对传播内容与互动的探讨，揭示了企业社会责任的公共传播与品牌战略之间应保持相对的独立性。但这一独立性应该在多大程度上实现，在什么机制下起作用则有待考察。最重要的是能够引起学界对企业社会责任的工具性研究的反思。比如，通过改变用户行为来实现商业目的是很危险的，也违背了企业的公益精神。本文的结论也说明工具性的企业社会责任传播不可能在企业、利益相关者、公益对象三者之间建立起有效的公共关系，因此不可能对社会问题产生真正的改善。而未能改善社会问题正是企业社会责任传播遭到诟病的原因。卡农·巴尼特曾说："我知道有许多改造（企业社会责任行为）的方案，但是鉴于我 11 年的经验，我敢说没有一个方案触及邪恶的根源，它没有使助人者与受助者形成友谊关系"（《可实行的社会主义》，第 104 页）。

三　社会制度与企业社会责任

企业社会责任的公共传播不仅从传播技术的角度来探求企业社会责任传播的社会效果，还从社会制度设计和文化历史背景等更深层次的原因来思考解决社会问题，今后的研究应该进一步将企业社会责任与公共制度的互动结合起来考察，进一步探索制度对提升企业社会责任的公共价值的贡献。尤其是本书在技术全球化的背景下进行研究后，对制度全球化的考察就显得更加迫切了。

尽管商业组织常常为了追求短期目标而牺牲人类的长远利

益，但我们仍然有充分的理由相信商业的力量。商业活动总是处于感知大众需求的第一线，并以准确捕捉大众需求而生存，因而是敏感而迅速的系统。在未来，企业对社会责任事业的参与使得企业日益成为一股强大的推动社会变化的力量。由于公私部门之间的界限越来越模糊，在面对如疫情、自然灾害的公共危机时，企业拥有大量的基础设施和特有资源使其比政府或公益组织的反应更迅速。企业的资源和范围，加上政府或公益组织的公益专长，可以形成一股解决社会问题的有生力量。那些不断保持活力的商业实体总能意识到公众是财富的来源与归属。社会责任对于商业来说不仅仅是一种粉饰，而是一种生存的必须。

参考文献

一　中文出版资料

[英] A. C. 庇古：《福利经济学》，朱泱、张胜、吴良健译，商务印书馆 2009 年版。

[德] 阿特斯兰德：《经验性社会研究方法》，李露露、林克雷译，中央文献出版社 1995 年版。

白洁：《公益是一种商业理念》，《国际公关》2007 年第 4 期。

白瑞文：《解读公益营销的误区》，《公关世界》2008 年第 3 期。

[美] 波特·M.：《竞争战略》，陈小悦译，华夏出版社 1980 年版。

蔡宁、沈奇泰松、吴结兵：《经济理性、社会契约与制度规范：企业慈善动机问题研究综述与扩展》，《浙江大学学报》（人文社会科学版）2009 年第 3 期。

柴炎：《基于企业社会责任的公益营销策略研究》，硕士学位论文，哈尔滨工业大学，2007 年。

晁罡、石杜丽、申传泉、王磊：《新媒体时代企业社会责任对声誉修复的影响研究》，《管理学报》2015 年第 11 期。

陈宏辉、贾生华：《企业社会责任观的演进与发展：基于综合性社会契约的理解》,《中国工业经济》2003 年第 12 期。
陈佳贵、黄群慧、彭华岗等:《中国企业社会责任研究报告》,社会科学文献出版社 2009 年版。
陈金华:《伦理学与现实生活——应用伦理学引论》,复旦大学出版社 2006 年版。
陈朋、李炜永:《社会创新:概念框架、基本维度和路径选择》,《长白学刊》2011 年第 6 期。
陈先红:《试论品牌传播的消费者导向原则》,《现代传播》2002 年第 1 期。
陈羽生:《从企业社会责任到企业社会融合》,《中山大学研究生学刊》(社会科学版) 2010 年第 3 期。
陈致中:《公益营销:概念、理论与文献评述》,《商场现代化》2010 年第 7 期。
程乐松:《公益传播道与术》,《国际公关》2007 年第 4 期。
崔健:《日本的社会创新与企业社会责任关系分析》,《东北亚论坛》2011 年第 1 期。
[美] 大卫·爱格:《品牌经营法则》,沈云聪、汤宗勋译,内蒙古人民出版社 1998 年版。
邓理峰、张宁:《媒体对企业声誉的议程设置效果:企业社会责任报道的研究》,《现代传播》2013 年第 5 期。
丁雪峰、胡勇、赵文等:《网络舆论意见领袖特征研究》,《四川大学学报》(工程科学版) 2010 年第 2 期。
董秀春:《如何建立消费者品牌认同模式》,《商业时代》2005 年第 32 期。
段鹏:《传播效果研究:起源、发展与应用》,中国传媒大学出版社 2008 年版。

段鹏：《商业化与公益性的冲突：试析香港公益传播机构的生存空间》，《中国广播电视学刊》2004 年第 7 期。

［美］菲利普·科特勒、艾伦·安德里亚森：《非营利组织战略营销》，孟延春译，中国人民大学出版社 2003 年版。

［美］菲利普·科特勒、南希·李：《企业的社会责任——通过公益事业拓展更多的商业机会》，姜文波等译，机械工业出版社 2006 年版。

高勇强：《中国企业的事业关联营销策略分析》，《当代经济管理》2007 年第 3 期。

葛道顺：《我国慈善事业的现状和发展对策》，《中国社会科学院院报》2005 年 1 月 11 日。

贺爱忠、郑帅、李钰：《公益营销对消费者品牌信任及购买意愿的影响》，《北京工商大学学报》（社会科学版）2009 年第 5 期。

黄家瑶：《社会责任视野下的企业慈善捐赠分析》，《东方论坛》2011 年第 1 期。

黄家瑶：《影响企业慈善捐赠行为的相关性分析》，《烟台大学学报》（哲学社会科学版）2011 年第 1 期。

［美］Joe Marconl：《公益营销》，邱裴娟译，机械工业出版社 2005 年版。

姜智彬：《网络品牌传播的比较研究》，《河南大学学报》（社会科学版）2008 年第 11 期。

金立印：《企业社会责任运动测评指标体系实证研究——消费者视角》，《中国工业经济》2006 年第 6 期。

金永生、王睿、陈祥兵：《企业微博营销效果和粉丝数量的短期互动模型》，《管理科学》第 24 卷第 4 期。

景亚楠：《以公众期望为视角的企业慈善》，《全国商情》2010 年第 18 期。

[德] 康德：《实践理性批判》，邓晓芒译，人民出版社 2003 年版。

[美] 克利福德·格尔茨：《文化的解释》，韩莉译，凤凰传媒集团译林出版社 2008 年版。

黎运汉、盛永生：《汉语修辞学（修订版）》，广东教育出版社 2008 年版。

李丹：《社交网站用户的行为和动机》，《传媒观察》2009 年第 4 期。

李军湘主编：《新闻与文化传播论丛　第 4 辑》，中国财政经济出版社 2007 年版。

李骏：《中国企业慈善的发展现状》，《社会观察》2005 年第 9 期。

李伟：《企业的社会契约：一个新的企业行为规范研究框架》，《财经研究》2003 年第 10 期。

李妍皎：《新媒体环境下我国公益广告的发展策略探析》，硕士学位论文，河北大学，2009 年。

李艳：《公益传播进入新时代》，《广告人》2011 年第 4 期。

李迎曦：《论企业公益广告对企业社会责任形象的塑造》，硕士学位论文，安徽大学，2010 年。

李致纬：《公益传播的四维效果》，《国际公关》2007 年第 4 期。

梁漱溟：《中国文化要义·2 版》，上海人民出版社 2011 年版。

凌奎才：《受众认知主导时代的品牌深度沟通》，《华东经济管理》2003 年第 6 期。

刘宝：《企业社会创新：企业创新的一个新范式》，《科技进步与对策》2011 年第 8 期。

刘海鸥：《中国传统诚信观与西方信用理念比论》，《伦理学研究》2004 年第 3 期。

刘计含、王建琼：《基于社会网络视角的企业社会责任行为相似性研究》，《中国管理科学》2016 年第 9 期。

刘军伟、郑小明：《我国企业慈善捐赠的理论渊源与现状研究》，《企业经济》2009 年第 7 期。

刘耀庭：《社交网络结构研究》，硕士学位论文，浙江大学，2008 年。

刘志丹、张晓颖、范水香：《垂直社交网站的兴起与特征：基于用户使用体验的分析》，《信息资源管理学报》2011 年第 2 期。

卢汉龙：《企业捐赠调查报告》，载马伊里、杨团《公司与社会公益》，华夏出版社 2002 年版。

卢金珠：《微博客传播特性及盈利模式分析》，《现代传播》2010 年第 4 期。

卢正文、刘春林：《产品市场竞争影响企业慈善捐赠的实证研究》，《管理学报》2011 年第 7 期。

陆健东：《互联网广告品牌传播的模式和策略研究》，硕士学位论文，厦门大学，2001 年。

骆闻：《“企业社会责任”需要被消费者认同》，《公益时报》2009 年 12 月 7 日。

马晓荔、张健康：《公益传播现状及发展前景》，《当代传播》2005 年第 3 期。

马轶红：《公益事业关联营销探析》，《广告大观》（理论版）2007 年第 4 期。

蒙长江：《中国传统慈善文化的历史沿革及现实挑战》，《西南民族大学学报》（人文社会科学版）2005 年第 1 期。

乃风：《中国式公益传播》，《国际公关》2007 年第 4 期。

南平：《公益传播：为社会和谐的沟通与互动》，《武汉理工大学学报》2005 年第 11 期。

[德] 尼克拉斯·卢曼:《信任》，瞿铁鹏、李强译，上海世纪出版集团 2005 年版。

倪宁:《广告新天地——中日公益广告比较》，中国轻工业出版社 2003 年版。

彭定光、胡丽明、彭军:《论现代中国企业慈善行为的优化》，《湖南城市学院学报》2011 年第 3 期。

彭兰:《从社区到社会网络——一种互联网研究视野与方法的拓展》，《国际新闻界》2009 年第 5 期。

钱为家:《社会创新：企业社会责任的基石》，《经理世界》2010 年第 5 期。

秦晖:《政府与企业以外的现代化：中西公益事业史比较研究》（第 1 版），浙江人民出版社 1999 年版。

[美] R. 爱德华·弗里曼:《战略管理——利益相关者方法》，王彦华、梁豪译，上海译文出版社 2006 年版。

任浩、徐雪松:《我国企业捐赠的现状、原因及对策研究》，上海市社会科学第四届学术年会政治·法律·社会学科专场会议论文，上海，2006 年。

舒咏平:《品牌：传受双方的符号之约》，《现代传播》2011 年第 2 期。

舒咏平、谷羽:《企业公益传播：公益营销的超越》，《现代传播》2012 年第 11 期。

苏宝华:《论广告品牌传播的内容要素》，《现代传播》2006 年第 3 期。

苏月:《品牌管控下的公益传播》，《广告大观综合版》2009 年第 6 期。

孙绵绵、帅萍:《农夫山泉公益营销实证研究》，《销售与市场·

管理版》2010 年第 5 期。

谭勇：《品牌传播长期有效性探析——基于艾宾浩斯遗忘曲线和品牌核心价值》，《企业经济》2008 年第 1 期。

［美］唐·舒尔茨、海蒂·舒尔茨：《整合营销传播：创造企业价值的五大关键步骤》，何西军、黄鹂等译，中国财政经济出版社 2005 年版。

田虹：《企业社会责任及其推进机制》，经济管理出版社 2006 年版。

田凯：《机会与约束：中国福利制度转型中非营利部门发展的条件分析》，《社会学研究》2003 年第 2 期。

田雪莹、叶明海：《企业慈善捐赠的动机、结构及管理分析——来自 2004—2006 年长三角地区企业的数据》，《上海市社会科学界联合会·中国经济 60 年道路、模式与发展：上海市社会科学界第七届学术年会文集·经济、管理学科卷》，上海人民出版社 2009 年版。

田志龙、贺远琼、高海涛：《中国企业非市场策略与行为研究》，《中国工业经济》2005 年第 9 期。

王建华：《绿色营销、公益营销和社会营销的比较分析》，《商业经济》2010 年第 5 期。

王君泽、王雅蕾、禹航等：《微博客意见领袖识别模型研究》，《新闻与传播研究》2011 年第 6 期。

王炎龙、蒋亚隆：《中国电视公益传播受众调查报告》，《新闻界》2010 年第 3 期。

王炎龙、李京丽、刘晶：《公益传播四维框架的构建和阐释》，《新闻界》2009 年第 4 期。

王彦：《以“果壳模型”剖析品牌传播策略》，《青年记者》2006 年第 8 期。

王颖：《我国网络媒介中公益传播现象》，硕士学位论文，成都理工大学，2010 年。

王宇静、王志鑫：《博客公益传播新理念》，《新闻世界》2009 年第 6 期。

王卓祺、雅伦·获加：《西方社会政策概念转变及对中国福利制度发展的启示》，《社会学研究》1998 年第 5 期。

《微博“数据财富”堪比石油》，《广州日报》2012 年 6 月 9 日。

谢骏：《公益传播行为与意识》，《国际公关》2007 年第 4 期。

谢园：《百事：用社交网络“众包”公益营销》，《新营销》2010 年第 4 期。

徐雪松、任浩：《论企业慈善行为与利益相关者管理》，《上海市社会科学界联合会·上海市社会科学界第五届学术年会文集·经济、管理学科卷》，上海人民出版社 2007 年版。

徐子健编著：《国际商务文化差异管理》，对外经济贸易大学出版社 2009 年版。

许传朝：《社交商务：社交网络新价值》，《计算机世界》2011 年 2 月 21 日。

杨蕙馨、艾庆庆：《全球文化产业竞争下的文化企业社会责任》，《广东社会科学》2014 年第 1 期。

杨晋：《跨国公司公益营销对消费者品牌态度影响的实证研究》，硕士学位论文，中南大学，2008 年。

杨琳：《博客公共领域形成的可能性及特征》，《当代传播》2008 年第 4 期。

杨晓茹：《传播学视域中的微博研究》，《当代传播》2010 年第 2 期。

杨宜音：《当代中国人公民意识的测量初探》，《社会学研究》2008

年第2期。

易亮:《企业公益的三个基本面》,《国际公关》2007年第4期。

殷格非、吴福顺、郑若娟:《2006中国企业社会责任十大事件》,《WTO经济导刊》2007年第Z1期。

尹春兰:《品牌传播的全球化与本土化策略》,《经济问题》2004年第7期。

于坤章、俞赟芳、陈琳:《善因营销成效的影响因素探析》,《湖南大学学报》(社会科学版)2009年第3期。

于力、李大凯:《论中国企业慈善行为的战略性》,《云南财经大学学报》2011年第6期。

余红:《网络论坛舆论领袖筛选模型初探》,《新闻与传播研究》2008年第2期。

余明阳、舒咏平:《论"品牌传播"》,《国际新闻界》2002年第3期。

余振、郭正林:《当代中国青年的民主意识——对海峡两岸四地区大学生的民主意识比较》,《青年研究》1997年第6期。

曾朝晖:《公益营销 为品牌文化添彩》,《现代企业文化》2008年第Z1期。

张传良:《中外企业慈善捐赠状况对比调查》,《中国企业家》2005年第6期。

张华:《新消费者与品牌传播》,硕士学位论文,四川大学,2004年。

张金海、段淳林:《整合品牌传播的理论与实务探析》,《黑龙江社会科学》2008年第5期。

张丽君:《索尼:公益是企业基础理念》,《国际公关》2007年第4期。

张薇:《基于商业道德的企业竞争战略探析》,《现代经济探讨》

2005 年第 12 期。

张艳:《浅析自媒体时代的公益传播扩散》,《国际新闻界》2009 年第 10 期。

张韵君:《企业慈善社会责任建设存在的问题与对策》,《山西高等学校社会科学学报》2011 年第 2 期。

郑秉文:《合作主义:中国福利制度框架的重构》,《经济研究》2002 年第 2 期。

钟碧忠:《基于品牌关系管理的企业慈善行为策略探讨》,《商业时代》2010 年第 3 期。

周静、李季:《从人口统计特征和生活方式探讨 SNS 社交网站用户的使用行为及其活跃度》,《科技与管理》2011 年第 3 期。

周栩伊:《国内外企业公益营销比较研究》,《现代商贸工业》2012 年第 24 期。

朱迎春:《我国企业慈善捐赠税收政策激励效应——基于 2007 年度我国 A 股上市公司数据的实证研究》,《当代财经》2010 年第 1 期。

左石华:《我国企业慈善捐赠行为的影响因素分析》,《中小企业管理与科技》(上旬刊) 2009 年第 4 期。

二　外文出版文献

Aaker, D., *Managing Brand Equity*, New York, NY: The Free Press, 1991.

Almunawar, M. N., Low, K. C. P., "Trust and CSR", In Idowu, S. O., Capaldi, N., Zu, L., Gupta, A. D., eds., *Encyclopedia of Corporate Social Responsibility*, Springer, Berlin, Heidelberg, 2013.

Andriof, J., Waddock, S., Husted, B. and Rahman, S. R. (Eds.), *Unfolding Stakeholder Thinking*, Sheffield: Greenleaf Publishing, 2003.

Apinunmahakul, A., Devlin, R. A., "Social Networks and Private Philanthropy", *Journal of Public Economics*, 2008, 92 (1-2): 309-328.

Avenarius, H., *Public Relations: Die Grundform der Gesellschaftlichen Kommunikation*, Darmstadt, Germany: Primus-Verlag, 2000: 181.

Avery, E., Lariscy, R., Amador, E., Ickowitz, T., Primm, C. & Taylor, A., "Diffusion of Social Media Among Public Relations Practitioners in Health Departments across Various Community Population Sizes", *Journal of Public Relations Research*, 2010, 22 (3): 336-358.

Baker, J. R., Psych, M., Susan, M., "Distress, Coping, and Bogging: Comparing New MySpace Users by Their Intention to Blog", *Cyber Psychology and Behavior*, 2008, 11 (1): 81-85.

Barabasi, A. L., Bonabeau, E., "Scale-free Networks", *Sci. Amer.*, 2003, 288: 60-69.

Baron, D. P., "Integrated Strategy: Market and Nomarket Components", *California Management Review*, 1995, 37 (2): 47-65.

Barone, M. J., Miyazaki, A. D. & Taylor, K. A., "The Influence of Cause-related Marketing on Consumer Choice: Does One Good Turn Deserve Another?", *Journal of the Academy of Marketing Science*, 2000, 28 (2): 248-262.

Bartkus, B., Morris, S., Seifert, B., "Governance and Corporate Philanthropy", *Business Society*, 2002, 41: 319-344.

Becker-Olsen, K. L., Cudmore, B. A. & Hill, R. P., "The Impact of Perceived Corporate Social Responsibility on Consumer Behavior", *Journal of Business Research*, 2006, 59 (1): 46 –53.

Beckmann, S. C., Morsing, M. and Reisch, L., "Strategic CSR Communication: An Emerging Field", In Morsing, M. and Beckmann, S. C., eds., *Strategic CSR Communication*, Copenhagen: DJOF Publications, 2006: 11 –36.

Bentele, G., "Öffentliches Vertrauen: Normative und Soziale Grundlage für Public Relations [Public trust: Normative and social foundation for public relations]", In Armbrecht, W. and Zabel, U., eds. *Normative Aspekte der Public Relations. Grundlagen und Perspektiven. Eine Einführung [Normative Aspects of Public Relations: Foundations and Perspectives: An Introduction]*, Opladen, Germany: Westdeutscher Verlag, 1994: 131 –158.

Berman, S. J., Abraham, S., Battino, B., Shipnuck, L. & Neus, A., "New Business Models for the New Media World", *Strategy & Leadership*, 2007, 35 (4): 23 –30.

Bhattacharya, C. B. & Sen, S., "Doing Better at Doing Good: When, Why and How Consumers Respond to Corporate Social Initiatives", *California Management Review*, 2004, 47 (1): 9 –24.

Bishop, M., Green, M., *Philanthrocapitalism: How Giving Can Save the World*, New York: Bloomsburry Press, 2008.

Bohm, D., *On dialogue*, London, UK: Routledge, 2008.

Bortree, D. S. & Seltzer, T., "Dialogic Strategies and Outcomes: An Analysis of Environmental Advocacy Groups' Facebook Profiles", *Public Relations Review*, 2009, 35 (3): 317 –319.

Boyd, D. M. & Ellison, N. B., "Social Network Sites: Definition, History and Scholarship", *Journal of Computer-Mediated Communication*, 2008, 13 (1): 210 – 230.

Brandtzæg, P. B. & Heim, J., "Why People Use Social Networking Sites", *Lecture Notes in Computer Science*, 2009, 5621: 143 – 152.

Brunk, K. H., Blümelhuber, C., "One Strike and You're Out: Qualitative Insights into the Formation of Consumers' Ethical Company or Brand Perceptions", *Journal of Business Research*, 2011, 64 (2): 134 – 141.

Brunk, K. H., "Exploring Origins of Ethical Company/Brand Perceptions – A Consumer Perspective of Corporate Ethics", *J Bus Res*, 2010a, 63 (3): 255 – 262.

Brunk, K. H., "Reputation Building: Beyond Our Control? Inferences in Consumers' Ethical Perception Formation", *J Consum Behav*, 2010b, 9 (4): 275 – 292.

Burchell, J. and Cook, J., "Stakeholder Dialogue and Organizational Learning: Changing Relationships Between Companies and NGOs", *Business Ethics: A European Review*, 2008, 17 (1): 35 – 46.

Burnett, J. & Van, W., "A Proposed Model of the Donation Decision Process", In E. C. Hirschman, ed., *Research in Consumer Behavior*, Greenwich, CT: JA1 Press, 1988.

Burt, R. S., *Corporate Profits and Co-optation: Networks of Market Constraints and Directorate Ties in the American Economy*, New York: Academic Press, 1983.

Carrera, P., Chiu, C. Y., Pratipwattanawong, P., Chienwattanasuk, S., Ahmad, S. F. S. & Murphy, J., "MySpace, My Friends, My Customers", In P. O'connor, W. Höpken & U. Gretzel, eds., *Information and Communication Technologies in Tourism* 2008, Vienna: Springer Verlag Wien, 2008.

Carroll, A. B., *Business & Society: Ethics, Sustainability, and Stakeholder Management/Ninth Edition*, Cengage Learning, 2015.

Carroll, A. B., "The Pyramid of Corporate Social Responsibility: Toward the Moral Management of Organizational Stakeholders", *Business Horizons*, July-August, 1991: 39 – 48.

Carroll, A. B., "A Three-Dimensional Conceptual Model of Corporate Performance", *Academy of Management Review*, 1979, 4 (4): 497 – 505.

Carroll, A. B., "Corporate Social Responsibility", *Business and Society*, 1999, 38 (3): 268 – 295.

Chaffee, E. C., "The Origins of Corporate Social Responsibility", *University of Cincinnati Law Review*, 2017, 85: 347 – 373.

Chau, P. Y. K., Cole, M., Massey, A. P., Montoya-Weiss, M. & O'Keefe, R. M., "Cultural Differences in the Online Behavior of Consumers", *Communications of The ACM*, 2002, 45 (10): 138 – 143.

Chu, S.-C., Chen, H.-T. & Gan, C., "Consumers' Engagement with Corporate Social Responsibility (CSR) Communication in Social Media: Evidence from China and the United States", *Journal of Business Research*, 2020, 110: 260 – 271.

Chyan, Y., Hsu, Y. C., Tan, S., "Predicting the Determinants of Users' Intentions for Using Youtube to Share Video: Moderating Gender Effects Cyber Psychology", *Behavior and Social Networking*, 2010, 13 (2): 141 – 152.

Clark, H. H. & Marshall, C. R., "Definite reference and mutual knowledge", In A. K. Joshi, B. Webber, I. A. Sag, eds., *Elements of Discourse Understanding*, Cambridge: Cambridge Univ. Press, 1981: 10 – 63.

Clavin, B., Lewis, A., "Focus Groups on Consumers' Ethical Beliefs", in Harrison, R., Newholm, T., Shaw, D., eds., *The Ethical Consumer*, London: Sage, 2005: 173 – 187.

Cowe, R., Williams, S., *Who Are the Ethical Consumers*? UK: The Cooperative Bank, 2000.

Crane, A., "Are You Ethical? Please Tick Yes? Or No? On Researching Ethics in Business Organizations", *J Bus Ethics*, 1999, 20: 237 – 248.

Crespo, R., "Virtual Community Health Promotion", *Prevention Chronicles*, 2007, 4 (3): 75.

Cripps, H., Singh, A., Mejtoft, T. and Salo, J., "The Use of Twitter For Innovation in Business Markets", *Marketing Intelligence & Planning*, 2020, 38 (5): 587 – 601. https://doi.org/10.1108/MIP – 06 – 2019 – 0349.

Cutlip, S., Center, A., Broom, G., *Effective Public Relations*, New Jersey: Prentice-Hall Inc., 1994.

Davidson, J., "Cancer sells", *Work Women*, 1997, 22 (May): 19 – 36.

de Chernatony, L. and McDonald, M., *Creating Powerful Brands in Consumer, Service and Industrial Markets*, Butterworth-Heinemann, Oxford, 1998.

Demorgon, J. & Molz, M., "Bedingungen und Auswirkungen der Analyse von Kultur (en) und interkulturellen Interaktionen", In A. Thomas, ed., *Psychologie interkulturellen Handelns*, Göttingen: Hofgrefe, 1996: 43 – 105.

Drucker, P., *The Essential Drucker*, New York: Harper-Business, 2001.

Du, S., Bhattacharya, C. B. & Sen, S., "Reaping Relational Rewards From Corporate Social Responsibility: The Role of Competitive Positioning", *International Journal of Research in Marketing*, 2007, 24 (3): 224 – 241.

Dunfee, T. W. & Donaldson, T., "Contractarian Business Ethics: Current Status and Next Steps", *Business Ethics Quarterly*, 1995, 5 (2): 173 – 186.

Dunfee, T. W., Smith, N. C. & Ross, W. T. Jr., "Social Contract and Marketing Ethics", *Journal of Marketing*, 1999, 63: 14 – 3.

Dunfee, T. W., "Stakeholder Theory: Managing Corporate Social Responsibility in a Multiple Actor Concept", In A. Crane, A. McWilliams, D. Matten, J. Moon and D. Siegel, eds., *The Oxford Handbook of Corporate Social Responsibility*, Oxford, UK: Oxford University Press, 2008: 346 – 362.

Eels, R., Walton, C., *Conceptual Foundations of Business*, Richard D. Irwin, Homewood, 1961.

Ellen, P. S., Mohr, L. A. & Webb, D. J., "Charitable Programs and The Retailer: Do They Mix?", *Journal of Retailing*, 2000, 76 (3): 393 – 406.

Enderle, G., Tavis, L. A., "A Balanced Concept of the Firm and the Measurement of Its Long-term Planning and Performance", *Journal of Business Ethics*, 1998, 17 (11): 1129 - 1144.

Ervits, I., "CSR Reporting By Chinese and Western MNEs: Patterns Combining Formal Homogenization and Substantive Differences", *Int J Corporate Soc Responsibility*, 6, 202, p. 1, 6. https://doi.org/10.1186/s40991-021-00060-y.

Ewing, M. T., Napoli, J., "Developing and Validating A Multidimensional Nonprofit Brand Orientation Scale", *Journal of Business Research*, 2005, 58 (6): 841 - 853.

Falck, O., Heblich, S., "Corporate Social Responsibility: Doing Well By Doing Good", *Business Horizons*, 2007, 50 (3): 247 - 254.

Feller, W. V., "Blue Skies, Green Industry: Corporate Environmental Reports as Utopian Narratives", *Environmental Communication Yearbook*, 2004 (1): 57 - 76.

Fineman, S., "Emotion and Organizing", in Clegg, S., Hardy, C. and Nord, W., eds., *Handbook of organization studies*, London: Sage, 1996.

Fornes, G., Lopez, B., Bierens de Haan, M. and Blanch, J., "Best Practice Example of CSR and S&E Engagement in Emerging Economies: Analysis of A Case Study Based in China", *Journal of Asia Business Studies*, Vol. 13, No. 1, 2019: 133 - 154. https://doi.org/10.1108/JABS-08-2017-0120.

Foster, D. and Jonker, J., "Stakeholder Relationships: The Dialogue of Engagement", *Corporate Governance*, 2005, 5 (5): 51 - 57.

Freeman, R. E., "Strategic Management: A Stakholder Approach",

Journal of Management Studies, 1984, 29 (2): 131 – 154.

Freeman, R. E., "The Stakeholder Approach Revisited", *Zeitschrift für Wirtschafts-und Unternehmensethik*, 2004, 5 (3): 228 – 254.

Friedman, M., *Capitalism and Freedom*, Chicago, IL: University of Chicago Press, 1962.

Friedman, M., "The Social Responsibility of Business Is to Increase Its Profits", *New York Times Magazine*, 1970, 13 September.

Galbreath, J., "Are Organisation Researchers Too Obsessed With the Economic Responsibility of the Firm?", *Journal of Business Ethics*, 2006, 65 (3): 287 – 295.

Gao, Y. Q., "Philanthropic Disaster Relief Giving As A Response to Institutional Pressure: Evidence From China", *Journal of Business Research*, 2011, 64: 1377 – 1382.

Gao, F., Faff, R., Navissi, F., "Corporate Philanthropy: Insights From the 2008 Wenchuan Earthquake in China", *Pacific-Basin Finance Journal*, 2012, 20 (3): 363 – 377.

Gao, S. S. and Zhang, J. J., "A Comparative Study of Stakeholder Engagement Approaches in Social Auditing", in Andriof, J. and McIntosh, M., eds., *Perspectives on Corporate Citizenship* Sheffield: Greenleaf, 2001: 239 – 255.

Gao, Y., "Corporate Political Action in China and America: A Comparative Perspective", *Journal of Public Affairs*, 2006, 6 (2): 111 – 121.

Gao, Y. Q., "Dealing With Non-market Stakeholders in International Market: Case Studies of US-based MNEs in China", *Singapore*

Manage Rev, 2007, 2: 75 –88.

Gardberg, N. A. , Fombrun, C. J. , "Corporate Citizenship: Creating Intangible Assets Across Institutional Environments", *Acad Manage Rev*, 2006, 34: 329 –346.

Garramone, G. , Harris, A. & Anderson, R. , "Uses of Political Bulletin Boards", *Journal of Broadcasting and Electronic Media*, 1986, 30 (3): 325 –339.

Gates, B. , *Business Today*, January 14 –21, 1999: 15 –16.

Godfrey, P. C. , "The Relationship Between Corporate Philanthropy and Shareholder Wealth: A Risk Management Perspective", *Academyof Management Review*, 2005, 30 (4): 777 –798.

GRI, *Sustainability Reporting Guidelines*, Global Reporting Initiative, 2006.

Grubbs, H. M. , Milne, G. , "Gender Differences in Privacy-related Measures for Young Adult Facebook Users", *Journal of Interactive Advertising*, 2010, 10 (2): 28 –45.

Grunig, J. E. and Hunt, T. , *Managing Public Relations*, New York, NY: Holt, Rinehart and Winston, 1984.

Gurin, M. G. , "Cause-Related Marketing in Question", *Advertising Age*, 1987, July 27th: S –16.

Hall, E. , *Beyond Culture*, New York, NY: Doubleday, 1976.

Hall, E. T. , *Beyond culture*, New York, NY: Anchor Books/Doubleday, 1989.

Hamlin, R. P. & Wilson, T. , "The Impact of Cause Branding on Consumer Reactions to Products: Does Product/cause 'Fit' Really Matter?", *Journal of Marketing Management*, 2004, 20 (7/

8): 663 – 681.

Haynes, A., Lackman, C., Guskey, A., "Comprehensive Brand Presentation: Ensuring Consistent Brand Image", *Journal of Product and Brand Management*, 1999, 8 (4): 286 – 300.

Heald, M., *The Social Responsibilities of Business: Company and Community* 1900—1960, USA: Pr. of Case Western Reserve Univ, 1970.

Heath, R. L. and Coombs, W. T., *Today's public relations: An introduction*, Thousand Oaks, CA: Sage, 2006.

Heath, R. L., Pearce, W. B., Shotter, J., et al., "The Processes of Dialogue: Participation and Legitimation", *Management Communication Quarterly*, 2006, 19 (3): 341 – 375.

Hill, L. N. & White, C., "Public Relations Practitioners' Perception of the World Wide Web As A Communications Tool", *Public Relations Review*, 2000, 26 (1): 31 – 51.

Hung, C. F., Cultural Influence on Relationship Cultivation Strategies: Multinational Companies in China, *Journal of Communication Management*, 2004, 8 (3): 264 – 281.

Hwang, S. L., Su, W. -J. & Hung, S. -H., "A Research of Business Models and Key Success Factors in the Trend of Web 2.0", In Proceeding of Taiwan Business and Information Conference (ISBN – 13: 978 – 957 – 2 9969 – 7 – 3), 2006.

Idowu, S. O., Papasolomou, I., "Are the Corporate Social Responsibility Matters Based On Good Intentions or False Pretences? An Empirical Study of the Motivations Behind the Issuing of CSR Reports by UK Companies", *Corp Governance*, 2007, 7 (2): 136 – 147.

Jansen, B., Zhang, M., Sobel, K. & Chowdury, A., "Twitter Power: Tweets As Electronic Word of Mouth", *Journal of the American Society for Information and Technology*, 2009, 60 (9): 20.

Jo, S. & Kim, Y., "The Effect of Web Characteristics on Relationship Building", *Journal of Public Relations Research*, 2003, 15 (3): 199 - 223.

Johannesen, R. L., "The Emerging Concept of Communication As Dialogue", *The Quarterly Journal of Speech*, 1971, 57 (4): 373 - 382.

Johar, G. V. & Pham, M. T., "Relatedness, Prominence, and Constructive Sponsor Identification", *Journal of Marketing Research*, 1999, 36 (3): 299 - 312.

Jones, T. M., "Corporate Social Responsibility Revisited, Redefined", *California Management Review*, 1980, 22 (3): 59 - 67.

Joy, M. M., Dundes, L., "Gender Differences in 'Social Portraits' Reflected in MySpace Profiles", *Cyber Psychology and Behavior*, 2008, 11 (2): 239 - 247.

Jung, T., Youn, H. & McClung, S., "Motivations and Self-presentation Strategies on Korean-based 'Cyworld' Weblog Format Personal Homepages", *Cyber Psychology and Behavior*, 2007, 10 (1): 24 - 31.

Kaplan, A. M. & Haenlein, M., "Users of the World, Unite! The Challenges and Opportunities of Social Media", *Business Horizons*, 2010, 53: 59 - 68.

Kaplan, R., "Cultural Thought Patterns in Intercultural Education", *Language learning*, 1966, 16: 1 - 20.

Katz, E., Blumler, J. G. & Gurevitch, M., "Utilization of Mass Communication By the Individual", in J. G. Blumer & E. Katz, eds., *The Uses of Mass Communications: Current Perspectives on Gratifications Research*, Beverly Hills, CA: Sage, 1974: 19 – 32.

Katz, S. N., "Chapter 37 Philanthropy", *Handbook of the Economics of Art and Culture*, 2006, 1: 1299 – 1321.

Kelleher, T., *Public Relations Online: Lasting Concepts for Changing Media*, Thousand Oaks, CA: Sage, 2006.

Keller, K. L., "Conceptualizing, Measuring, and Managing Customer-based Brand Equity", *Journal of Marketing*, 1993, 57 (1): 3 – 33.

Kelly Ryan, *Pear Analytics Twitter Study*, Whitepaper, August, 2009.

Kent, M. L. & Taylor, M., "Building Dialogic Relationships Through the World Wide Web", *Public Relations Review*, 1998, 24 (3): 321 – 334.

Kent, M. L., "Critical Analysis of Blogging in Public Relations", *Public Relations Review*, 2008, 34 (1): 32 – 40.

Kim, Y., Sohn, D. & Choi, S. M., "Cultural Difference in Motivations for Using Social Network Sites: A Comparative Study of American and Korean College Students", *Computers in Human Behavior*, 2011, 27: 365 – 372.

Klein, J. & Dawar, N., "Corporate Social Responsibility and Consumers' Attributions and Brand Evaluations in A Product-harm Crisis", *International Journal of Research in Marketing*, 2004, 21: 203 – 217.

Kotler, P. and Lee, N., "Best of Breed: When It Comes to Gaining A Market Edge While Supporting A Social Cause, 'Corporate Social Marketing' Leads the Pack", *Social Marketing Quarterly*, 2005, 3/4: 92 - 108.

Kuandykov, L., Sokolov, M., "Impact of Social Neighborhood on Diffusion of Innovation S-curve", *Decision Support Systems*, 2010, 48 (4): 531 - 535.

Latapí Agudelo, M. A., Jóhannsdóttir, L. & Davídsdóttir, B., "A Literature Review of The History and Evolution of Corporate Social Responsibility", *Int J Corporate Soc Responsibility*, 4, 1 (2019), https://doi.org/10.1186/s40991-018-0039-y.

Leech, G., "Corpora and Theories of Linguistic Performance", in J. Svartvik ed., *Directions in Corpus Linguistics*, Berlin: Mouton de Gruyter, 1992: 105 - 122.

Lichtenstein, D. R., Drumwright, M. E. & Braig, B. M., "The Effects of Corporate Social Responsibility on Customer Donations to Corporate-supported Nonprofits", *Journal of Marketing*, 2004, 68 (4): 16 - 32.

Luhmann, N., *Vertrauen: Ein Mechanismus der Reduktion sozialer Komplexität* [*Trust: A Mechanism to Reduce Social Complexity*], Stuttgart, Germany: Lucius & Lucius, 1973.

Maignan, I., "Consumers' Perceptions of Corporate Social Responsibilities: A Cross-cultural Comparison", *Journal of Business Ethics*, 2001, 30: 57 - 72.

Manne, H. G., Wallich, H. C., *The Modern Corporation and Social Responsibility*, Washington, DC: American Enterprise Institute for Public Policy Research, 1972.

Maon, F., Lindgreen, A. and Swaen, V., "Designing and Implementing Corporate Social Responsibility: An Integrative Framework Grounded in Theory and Practice", *Journal of Business Ethics*, 2009, 87: 71-89.

Margolis, J. D. & Walsh, J. P., "Misery Loves Companies: Rethinking Social Initiatives by Business", *Administrative Science Quarterly*, 2003, 48 (2): 268-305.

Marom, I. Y., "Toward A Unified Theory of the CSP-CFP Link", *J Bus Ethics*, 67, 2006: 191-200.

Marquis, C., Glynn, M. A., Davis, G. F., "Community Isomorphism and Corporate Social Action", *Acad Manage Rev*, 2007, 32 (3): 925-945.

Matten, D. & Crane, A., "Corporate Citizenship: Toward An Extended Theoretical Conceptualization", *Academy of Management Review*, 2005, 30 (1): 166-179.

Matten, D., Moon, J., "A Conceptual Framework for Understanding CSR", in Habisch, A., Jonker, J., Wegner, M. and Schmidpeter, R., eds., *Corporate Social Responsibility Across Europe*, Berlin: Springer, 2004: 335-356.

McAllister-Spooner, S. M., "Fulfilling the Dialogic Promise: A Ten-year Reflective Survey on Dialogic Internet principles", *Public Relations Review*, 2009, 35 (3): 320-322.

McClenahen, J. S., "Defining Social Responsibility", *Industry Week*, 2005, 254 (3): 64-65.

McWilliams, A. & Siegel, D., "Corporate Social Responsibility and Financial Performance: Correlation or Misspecification?", *Strategic Management Journal*, 2000, 21: 603-609.

Men, L. R. & Tsai, W. S., "How Companies Cultivate Relationships With Publics on Social Network Sites: Evidence From China and the United States", *Public Relations Review*, 2012, 38 (5): 723 – 730.

Mohr, L. A., Webb, D. J., Harris, K. E., "Do Consumers Expect Companies to Be Socially Responsible? The Impact of Corporate Social Responsibility on Buying Behavior", *J Consum Aff*, 2001, 35 (1): 45 – 72.

Morris, R. I. & Daniel, A. B., "How to Give Away Money Intelligently", *Harvard Business Review*, 1985, 63: 86 – 91.

Morris, R., "Computerized Content Analysis in Management Research: A Demonstration of Advantages & Limitations", *Journal of Management*, 1994, 20 (4): 903 – 931.

Morsing, M. & Schultz, M., "Stakeholder Communication Strategies", In M. Morsing and S. C. Beckmann, eds., *Strategic CSR communication*, Copenhagen, Denmark: DJOF Publishing, 2006: 135 – 160.

Morsing, M., Schultz, M. & Nielsen, K. U., "The 'Catch 22' of Communicating CSR: Findings from A Danish Study", *Journal of Marketing Communications*, 2008, 14 (2): 97 – 111.

Morsing, M., "Strategic CSR Communication: Telling Others How Good You Are", in J. Jonker and M. De Witte, eds., *Management Models for Corporate Social Responsibility*, Berlin, Germany: Springer, 2006: 238 – 246.

Muralidharan, S., Rasmussen, L., Patterson, D. & Shin, J.-H., "Hope for Haiti: An Analysis of Facebook and Twitter Usage During the Earthquake Relief Efforts", *Public Relations Review*, 2011, 37 (2): 175 - 177.

Newhagen, J. E. & Rafaeli, S., "Why Communication Researchers Should Study the Internet: A Dialogue", *Journal of Computer-Mediated Communication*, 1: 0, 1996. doi: 10. 1111/j. 1083 - 6101. 1996. tb00172. x.

Newholm, T., Shaw, D., "Editorial Studying the Ethical Consumer: A Review of Research", *J Consum Behav*, 2007, 6 (5): 253 - 270.

Nielsen, A. E. & Thomsenn, C., "Investigating CSR Communication SMEs: A Case Study Among Danish Middle Managers", *Business Ethics: A European Review*, 2009, 18 (1): 83 - 93.

Nielsen, A. E. & Thomsen, C., "What They Say and How They Say It", *Corporate Communications: An International Journal*, 2007, 12 (1): 25 - 40.

Nill, A., Schibrowsky, J. A., "Research on Marketing Ethics: A Systematic Review of the Literature", *J Macromark*, 2007, 27: 256 - 273.

O'Riordan, L. & Fairbrass, J., "Corporate Social Responsibility (CSR): Models and Theories in Stakeholder Dialogue", *Journal of Business Ethics*, 2008, 83 (4): 745 - 758.

OECD, *Multifunctionality: Towards An Analytical Framework*, Paris: OECD, 2001.

Onkila, T., "Corporate Argumentation For Acceptability: Reflections of Environmental Values and Stakeholder Relations in Corporate Environmental Statements", *Journal of Business Ethics*, 2009,

87 (2): 285 – 298.

Papacharissi, Z. & Rubin, A. M., "Predictors of Internet use", *Journal of Broadcasting and Electronic Media*, 2000, 44 (2): 175 – 196.

Pedersen, E. R., "Making Corporate Social Responsibility (CSR) Operable: How Companies Translate Stakeholder Dialogue into Practice", *Business and Society Review*, 2006, 111 (2): 137 – 163.

Pelling, E. L., Behav, B., White, K. M., "The Theory of Planned Behavior Applied to Young People's Use of Social Networking Websites", *Cyber Psychology and Behavior*, 2009, 12 (6): 755 – 759.

Perrini, F., Pogutz, S., Tencati, A., "Corporate Social Responsibility in Italy: State of The Art", *J Bus Strategies*, 2006, 23 (1): 65 – 91.

Perse, E. M., Buron, P. I., Kovner, E. S., Lears, M. E. & Sen, R. J., "Predicting Computer-mediated Communication in A College", *Communication Research Reports*, 1992, 9: 161 – 170.

Petkus, Jr. E., Woodruff, R. B., "A Model of the Socially Responsible Decision-making Process in Marketing: Linking Decision Makers and Stakeholders", In: Proceedings of the AMA Winter Educators Conference, Chicago: American Marketing Association, 1992: 154 – 161.

Porter, M. E., Kramer, M. R., "Philanthropy's New Agenda: Creating Value", *Harv Bus Rev*, November-December, 1999: 121 – 130.

Porter, M. E., Kramer, M. R., "The Competitive Advantage of Corporate Philanthropy", *Harvard Business Review*, 2002, 80 (12): 56 – 68.

Post, J. E., Preston, L. E. & Sachs, S., *Redefining the Corporation: Stakeholder Management and Organizational Wealth*, Stanford, CA: Stanford University Press, 2002.

Raacke, J. & Bonds-Raacke, J., "MySpace and Facebook: Applying the Uses and Gratifications Theory to Exploring Friend-networking Sites", *Cyber Psychology and Behavior*, 2008, 11 (2): 169 – 174.

Recabarren, M., Nussbaum, M., Leiva, C., "Cultural Divide and the Internet", *Computers in Human Behavior*, 2008, 24 (6): 2917 – 2926.

Ricks, J. M., "An Assessment of Strategic Corporate Philanthropy on Perceptions of Brand Equity Variables", *J Consum Mark*, 2005, 22 (3): 121 – 134.

Ritzer, G., "Sociology: A Multiple Paradigm Science", *American Sociologist*, 1975, 10 (3): 156 – 167.

Rochlin, S. A., Cliristoffer, B., *Making the Business Case. Determining the Value of Corporate Community Involvement*, Boston: Tlie Center for Corporate Citizenship at Boston College, 2000.

Rodriguez, P., Siegel, D. S., Hillman, A. & Eden, L., "Three Lenses on the Multinational Enterprise: Politics, Corruption and Corporate Social Responsibility", *Journal of International Business Studies*, 2006, 37 (6): 733 – 746

Roy, S. K., "Internet Uses and Gratifications: A Survey in the Indian Context", *Computers in Human Behavior*, 2009, 25 (4): 878 – 886.

Rui, H., Whinston, A., "Information or Attention? An Empirical

Study of User Contribution on Twitter", *Information Systems and e-Business Management*, 2012, 10 (3): 309 -324

Russo, A. & Perrini, F., "Investigating Stakeholder Theory and Social Capital: CSR in Large Firms and SMEs", *Journal Of Business Ethics*, 91 (2), 2010: 207 -221.

Rybako, S. & Seltzer, T., "Dialogic Communication in 140 Characters or Less: How Fortune 500 Companies Engage Stakeholders Using Twitter", *Public Relations Review*, 2010, 36 (4): 336 - 341.

Saiia, D. H. & Cyphert, D., "The Public Discourse of the Corporate Citizen", *Corporate Reputation Review*, 2003, 6 (1): 47 -57.

Sakarya, S., Bodur, M., Yildirim-Öktem, Ö., Selekler-Göksen, N., "Social Alliances: Business and Social Enterprise Collaboration for Social Transformation", *Journal of Business Research*, 2012, 65 (12): 1710 -1720.

Sangman, H., Magee, C. L., Kim, Y. S., "Hyperactive Agents in Social Network sites: the Evidence for Lifecycles and Determinants of Lifecycle Variability", *Management Science*, 2007: 1 -31.

Sasse, C. M., Trahan, R. T., "Rethinking the New Corporate Philanthropy", *Business Horizons*, 2007, 50 (1): 29 -38.

Saura, J. R., Reyes-Menéndez, A., deMatos, N., Correia, M. B., "Identifying Startups Business Opportunities from UGC on Twitter Chatting: An Exploratory Analysis", *Journal of Theoretical and Applied Electronic Commerce Research*, 16 (6), 2021: 1929 - 1944. https://doi.org/10.3390/jtaer16060108.

Savitz, A. W. Y. & Weber, K., *The Triple Bottom Line*, San Francisco: Jossey-Bass, 2006.

Scbultz, M., Hatch, M. J., Larsen, M. H., *The Expressive Organization*, New York: Oxford University Press, 2000.

Schultz, D. E., Barnes, B. E., *Strategic Brand Communication Campaigns*, Lincolnwood, IL: NTC Business Books, 1999.

Schultz, M., Antorini, Y. M. & Csaba, F. F., *Corporate Branding-Purpose, People, Process*, Copenhagen: Copenhagen Business School Press, 2005.

Seiffert, J., Bentele, G., Mende, L., "An Explorative Study on Discrepancies in Communication and Action of German Companies", *Journal of Communication Management*, 2011, 15 (4): 349 – 367.

Seitanidi, M. & Ryan, A., "A Critical Review of Forms of Corporate Community Involvement: From Philanthropy to Partnerships", *International Journal of Nonprofit and Voluntary Sector Marketing*, 2007, 12: 247 – 266.

Sen, Sankar, Bhattacharya, C. B., "Does Doing Good Always Lead to Doing Better? Consumer Reactions to Corporate Social Responsibility", *Journal of Marketing Research*, 2001, 38: 225 – 243.

Simmons, C. J. & Becker-Olsen, K. L., "Achieving Marketing Objectives Through Social Sponsorships", *Journal of Marketing*, 2006, 70 (4): 154 – 169.

Sinclair, J., "EAGLES Preliminary Recommendations on Corpus Typology", EAGTCWG-CTYP/P. Pisa: ILC-CNR, 1996.

Smith, B. G., "Socially Distributing Public Relations: Twitter, Haiti, and Interactivity in Social Media", *Public Relations Review*,

2010, 36 (4): 329 - 335.

Smith, C. , "The New Corporate Philanthropy", *Harvard Business Review*, 1994, 72: 105 - 116.

Soraya, M. , "Self-Presentation 2.0: Narcissism and Self-Esteem on Facebook", *Cyber Psychology, Behavior and Social Networking*, 2010, 13 (4): 357 - 364.

Srinivasan, M. S. , "The Future of Corporate Philanthropy. XIMB", *Journal of Management*, March, 2010: 157 - 164.

Stohl, C. , Stohl, M. & Popova, L. , "A New Generation of Global Corporate Codes of Ethics?", *Paper presented at the Annual conference of International Communication Association*, San Francisco, CA, 2007.

Svetlana Alekseevna Dubinko, Irina Iosifovna Klimova, Lizaveta Alegauna Dubinka-Hushcha and Galina Vladimirovna Klimova, "Leadership in Business Communication", *International Linguistic Science and Practice Conference "Methods of Teaching Foreign Languages 2.0: Real vs. Virtual"*, SHS Web Conf, 2021, 127.

Sánchez, C. M. , "Motives for Corporate Philanthropy in El Salvador: Altruism and Political Legitimacy", *J Bus Ethics*, 2000, 27 (4): 363 - 375.

Tang, L. , Li, H. , "Corporate Social Responsibility Communication of Chinese and Global Corporations in China", *Public Relations Review*, 2009, 35 (3): 199 - 212.

Taylor, M. , Kent, M. L. & White, W. J. , "How Activist Organizations Are Using the Internet to Build Relationships", *Public Relations Review*, 2001, 27 (3): 263 - 284.

Thackeray, R., Neiger, B., Hanson, C. & McKenzie, J., "Enhancing Promotional Strategies Within Social Marketing Programs: Use of Web 2.0 Social Media", *Health Promotion Practice*, 2008, 9 (4): 338 - 343.

Tian, X., "Accounting for Sources of FDI Technology Spillovers: Evidence From China", *Journal of International Business Studies*, 2007, 38: 147 - 159.

Tuzzolino, F., Armandi, B., "A Need-hierarchy Framework for Assessing Corporate Social Responsibility", *Academy of Management Review*, 1981, 6 (1): 21 - 28.

Ulijn, J. M. & Campbell, C., "Technical Innovations in Communication: How to Relate Technology to Business by a Culturally Reliable Human Interface", In T. Malkinson, ed., *IEEE Professional Communication Conference Record*, New Orleans, 1999: 109 - 120.

Ulijn, J. M. & Kumar, R., "Technical Communication in a Multicultural World: How to Make It an Asset in Managing International Business. Lessons from Europe and Asia for the 21st Century", In P. J. Hager & H. J. Schriber, eds., *Managing Global Discourse: Essays on International Scientific and Technical Communication*, New York, NY: Wiley, 1999: 319 - 348.

Valerie, B., "Older Adolescents' Motivations For Social Networking Site Use: The Influence of Gender, Group Identity, and Collective Self-Esteem", *Cyber Psychology and Behavior*, 2009, 12 (2): 209 - 213.

Varadarajan, P. R. & Menon, A., "Cause-related Marketing: A Coalignment of Marketing Strategy and Corporate philanthropy", *Journal of Marketing*, 1988, 52: 58 – 74.

Vorvoreanu, M. , "Perceptions of Corporations on Facebook: An Analysis of Facebook Social Norms", *Journal of New Communications Research*, 2009, 4 (1): 67 – 86.

Waddock, S. & Graves, S. , "The Corporate Social Performance – Financial Performance Link", *Strategic Management Journal*, 1997, 18: 303 – 319.

Waddock, S. , "Parallel Universes: Companies, Academics, and the Progress of Corporate Citizenship", *Business and Society Review*, 2004, 109 (1): 5 – 42.

Wanderley, L. , Lucian, R. , Farache, F. & Sousa Filho, J. , "CSR Information Disclosure on the Web: A Context-Based Approach Analysing the Influence of Country of Origin and Industry Sector", *Journal Of Business Ethics*, 2008, 82 (2): 369 – 378.

Wang, F. & Head, M. , "How Can the Web Help Build Customer Relationships? An Empirical Study on E-tailing", *Information & Management*, 2007, 44 (2): 115 – 129.

Warner, M. , Zhu, Y. , "Human Resource Management 'with Chinese Characteristics': A Comparative Study of the People's Republic of China", *Asia Pac Bus Rev*, 2002, 9 (2): 21 – 43.

Wartick, S. L. & Cochran, P. L. , "The Evolution of The Corporate Social Performance Model", *Academy of Management Review*, 1985, 10 (4): 758 – 769.

Waters, R. D. & Jamal, J. Y. , "Tweet, Tweet, Tweet: A Content Analysis of Nonprofit Organizations' Twitter Updates", *Public Relations Review*, 2011, 37 (3): 321 – 324.

Waters, R. D., Burnett, E., Lamm, A. & Lucas, J., "Engaging Stakeholders Through Social Networking: How Nonprofit Organizations Are Using Facebook", *Public Relations Review*, 2009, 35: 102 – 106.

Waters, R. D., "The Use of Social Media By Nonprofit Organizations: An Examination From The Diffusion of Innovations Perspective", in: Dumova, T. & Fiordo, R., Ed., *Handbook of Research on Social Interaction Technologies and Collaboration Software: Concepts and Trends* (*pages TBD*), Hershey, PA: IGI Publishing, 2009.

Welcomer, P. L., Cochran, G. R., Rands, G. and Haggerty, M., "Constructing A Web: Effects of Power and Social Responsiveness on Firm-stakeholder Relationships", *Business and Society*, 2003, 42 (1): 43 – 82.

Werther, W. B. & Chandler, D., *Strategic Corporate Social Responsibility*, *Stakeholders in A Global Environment*, Thousand Oaks, CA: Sage, 2006.

Whelan, G., "Corporate Social Responsibility In Asia: A Confucian Context", In S. May, G. Cheney, & J. Roper, Eds., *The Debate Over Corporate Social Responsibility*, New York: Oxford University Press, 2007: 105 – 118.

Wiebe, G. D., "Merchandising Commodities and Citizenship on Television", *Public Opinion Quarterly*, 1951, 15: 679 – 691.

Windsor, D., "Corporate Social Responsibility: Three Key Approaches", *Journal of Management Studies*, 2006, 43 (1): 93 – 114.

Wright, P. & Ferris, S., "Agency Conflict and Corporate Strategy:

The Effect of Divestment on Corporate Value", *Strategic management Journal*, 1997, 18: 77 – 83.

Wu, X., "Stakeholder Identifying and Positioning (SIP) Models: From Google's Operation in China to A General Case-analysis Framework", *Public Relations Review*, 2007, 33: 415 – 425.

Xifra, J. & Grau, F., "Nanoblogging PR: The Discourse on Public Relations in Twitter", *Public Relations Review*, 2010, 36 (2): 171 – 174.

Yang, S. U., Lim, J. S., "The Effects of Blog-mediated Public Relations (BMPR) on Relational Trust", *Journal of Public Relations Research*, 2009, 21 (3): 341 – 359.

Zdravkovic, S., Magnusson, P., Stanley, S. M., "Dimensions of Fit Between A Brand and A Social Cause and Their Influence On Attitudes", *International Journal of Research in Marketing*, 2010, 27 (2): 151 – 160.

三 互联网资料

《5 个微博营销需要注意的事项》，2012 年 12 月 16 日，http://www.socialbeta.cn/articles/weibo-marketing-tips.html，2013 年 1 月 12 日。

百度文库：《2012 年新浪微博用户发展调查报告》2012 年 12 月 20 日，http://wenku.baidu.com/view/94a2bb8d83d049649b6658be.html，2013 年 4 月 6 日。

CIC：《企业微博白皮书》2012 年 12 月 1 日，http://www.ciccorporate.com/index.php?option=com_content&view=category&id=17%3Aiwom-watch&layout=blog&Itemid=5&lang=zh,

2013 年 4 月 6 日。

CNNIC：《2012 年中国网民社交网站应用报告》2013 年 2 月 28 日，http：//www. cnnic. cn/hlwfzyj/hlwxzbg/mtbg/201302/P020130219611651054576. pdf，2013 年 4 月 6 日。

DCCI 互联网数据中心：《SNS 正催化中国网络营销变革》2008 年 4 月 10 日，http：//www. dcci. com. cn，2013 年 4 月 6 日。

DCCI 互联网数据中心：《2012 中国微博蓝皮书》2013 年 1 月 20 日，www. dcci. com. cn，2013 年 8 月 9 日。

美通社：《2011 中国企业新媒体应用调查》2011 年 11 月 1 日，www. prnasia. com，2013 年 4 月 9 日。

新华网：《2012 年中国企业社会责任报告白皮书发布》2012 年 12 月 21 日，http：//news. xinhuanet. com/fortune/2012 – 12/21/c_ 124127322. htm，2013 年 4 月 6 日。

新华网：《新浪公布社交广告收入　微博注册用户数超 3. 68 亿》2012 年 8 月 17 日，http：//news. xinhuanet. com/newmedia/2012 – 08/17/c_ 123594457. htm，2013 年 4 月 6 日。

中国互联网络信息中心：《第 27 次中国互联网络发展状况统计报告》2012 年 8 月 19 日，http：//research. cnnic. cn，2013 年 4 月 9 日。

中国互联网信息中心：《2010 年中国网民社交网站应用研究报告》2012 年 8 月 19 日，http：//www. cnnic. cn，2013 年 4 月 9 日。

中文互联网数据资讯中心：《麦肯锡：中国拥有 3 亿社交媒体用户为全球之最》2012 年 4 月 27 日，http：//www. 199it. com/archives/35285. html，2013 年 4 月 6 日。

中文互联网数据资讯中心：《Havas Media：调查发现只有 20% 的品牌对人们的生活质量有积极影响》2012 年 10 月 9 日，http：//www. 199it. com/archives/23798. html，2013 年 4 月 6 日。

周卫东：《企业社会责任在中国是否可行?》2012 年 6 月 9 日，http：//www. syntao. com/Uploads/ {2AA69E62-FD51-4925-803A-29E979EFF2AF} _ 2006_ Summer. pdf，2013 年 4 月 8 日。

Barnes，N.，Mattson，E.，"The Fortune 500 and Social Media：A Longitudinal Study of Blogging and Twitter Usage By America's Largest Companies"，UMass Dartmouth Center for Marketing Research（2010），http：//www1. umassd. edu/cmr/studiesresearch/2009F500. pdf.

Baskin，J.，Gordon，K.，"Corporate Responsibility Practices of Emerging Market Companies"，OECD Working Papers on International Investment，http：//ideas. repec. org/p/oec/dafaaa/2005 – 3-en. html，2005.

Bughin，J.，Manyika，J.，"How Businesses Are Using Web 2.0：A McKinsey Global Survey"，The McKinsey Quarterly（2007），http：// www. mckinseyquarterly. com/Marketing/Digital Marketing/How businesses are using Web 20 A McKinsey Global Survey 1913.

Cone，LLC，"Past. Present. Future：The 25th Anniversary of Cause Marketing"（2009），http：//cdn. volunteermatch. org/www/corporations/resources/cone_ research. pdf.

DanWatch，"Danish Law on CSR Reporting"（2011），http：//www. danwatch. dk/sites/default/files/documentation _ files/danwatch-study-danish-law-on-csr-reporting-sept2011-final. pdf.

Edelman Barometer，"Trust"（2009），http：//www. edelman. com/trust/2009/docs/Trust_ Book_ Final_ 2. pdf.

National Geographic, "Greendex Highlights" (2011 - 10 - 12), http: // images. nationalgeographic. com/wpf/media-live/file/GS_ NGS_ 2010GreendexHighlights-cb1275487974. pdf.

Heil, B. , Piskorski, M. , "New Research: Men Follow Men and Nobody Tweets" (2009), http: //blogs. hbr. org/cs/2009/06/new_ twitter_ research_ menr_ follo. html.

Semiocast, "Twitter Reaches Half A Billion Accounts" (2012), http: // semiocast. com/publications/2012_ 07_ 30_ Twitter_ reaches_ half_ a_ billion_ accounts_ 140m_ in_ the_ US statisticbrain.

Stelzner, M. A. , "Social Media Marketing Industry Report" (2009), http: //www. socialmediasummit09. com.

TNS Gallup, "Mapping of CSR Activities Among Small and Medium-sized Enterprises", Report (October 2005), http: //www. dcca. dk/ graphics/publikationer/CSR/Survey_ Gallup. pdf.

Zhou, W. , "Will CSR Work In China?", BSR Leading Perspectives (2006 Summer), http: //www. syntao. com/Uploads/ {2AA69 E62-FD51-4925-803A-29E979EFF2AF} _ 2006_ Summer. pdf.

后　记

中国不断变化的社会经济格局正为企业社会责任实践的蓬勃发展提供有利的条件。本书从全球视野到中国实践的落地，对未来中国引领全球企业社会责任，打响国家品牌寄予希望。这一方面基于习近平新时代中国特色社会主义思想“坚持新发展理念”“坚持人与自然和谐共生”，中国共产党正在瞭望全球经济趋势，掌舵企业社会责任的综合治理工程。近十年来，中国企业社会责任报告的数量和质量大幅提升，互联网企业、民营企业成为新的增长点。中国不仅成为绿色技术的主要出口国，还实现了绿色就业的大幅增长。另一方面，中国社会治理力量的增长加速了企业公共传播意识的觉醒。不论是消费者网络曝光（或推荐）行动，还是公众评价企业慈善捐赠的网络口碑，都是企业积累品牌资产的重要关口。在高道德文化语境下，“网络审判”的威慑力更能令企业产生向公众传播社会责任的紧迫感。每遇公共危机或自然灾害，就连在中国经营的跨国公司都在为争夺“最慈善的公司”展开激烈的竞争。

但从全球比较的结果看，中国的企业社会责任还有很大的改进空间，还需加强对外“出口”企业社会责任的能力。这就需要中国企业熟悉本书所述公共传播的理念和操作，总结参与全球市场的经验教训，在区域市场中因地制宜开展企业社会责任的战略设计，促进中国企业融入全球市场，建设中国品牌。本书谨以作者有限的观察初探公共传播视域下企业参与社会治理的效果，为“企业—社区—社会”的内生性成长贡献一点微薄之力。希望未来传播学界有更多有生力量致力于社会善治。

谷 羽

2022 年春

于沙湖